JN188593

弁護士法人かなめ【編】

弁護士
畑山浩俊／米澤晃／中野知美／南川克博【著】

幼保事業者の重大事故・不適切保育対応

中央経済社

はしがき

　昨今，幼保現場では，バス内への置き去りによる死亡事故，誤嚥による死亡事故等々の重大事故の発生や，職員によるしつけと称した暴力行為，児童の人格を否定するような暴言などの虐待事案，不適切保育事案が多数報道されています。そして，これらの重大事故や不適切保育の事案の報道は，時に事故の経緯や園の事後的な対応を意図的に切り取った，園に対する一方的に批判的なものとして行われ，これに起因した「不適切保育」という言葉の独り歩き，SNS上での職員への謂われのない誹謗中傷，園への匿名の嫌がらせ電話など，いわゆる「炎上騒ぎ」を煽るものとなっています。

　幼保現場での重大事故や不適切保育事案への対応は，被害児童への救護措置対応，被害児童の保護者への対応のみならず，警察対応，行政対応，報道機関対応，在園児の保護者への対応，在職中の職員への対応，保険会社対応等々多岐にわたります。

　しかしながら，これらの緊急時対応について日頃から十分に準備ができている園の運営責任者はほぼ皆無と言っても過言ではありません。重大事故・不適切保育事案発生時の混乱から，十分な計画を立てることもできず行き当たりばったりの対応になり，さらには報道機関対応を誤ることで，批判的な報道は過熱し，園と被害児童の保護者との信頼関係は破壊されます。さらに，在園児の保護者からは今後の園運営を危惧する声が高まり，職員は園の運営に不安を感じ一斉に離職してしまう等，園の存続すら危ぶまれる最悪の事態に陥ってしまいます。

　幼保事業は日本を支えるインフラです。
　日本社会にとってなくてはならない大切な事業です。

　園が緊急事態に陥った時，必要なことは園に対する批判ではなく，支援の手を差し伸べることです。

　まずサポートが必要なのは，幼保事業者の方々です。

　弁護士法人かなめは，「働きやすい福祉の現場を，あたりまえにする」というミッションを掲げ，日本中の幼保事業者の方々を日々サポートしています。大混乱に陥っている園の建て直しを幾度となくサポートしてきた我々は，重大事故・不適切保育事案が発生した時に，園の運営責任者がどのようなポイントを意識して行動すべきであるか，どうすれば混乱を最小限に抑え，園を存続できるかを考え続けてきました。

　次にサポートが必要なのは，行政担当者の方々です。

　というのも，園の建て直しを図る役割は，必ずしも園の運営責任者だけにあるわけではないからです。これらの緊急事態が発生した場合，必然的に事案に関与することになるのが行政職員です。事案に関与した行政担当者の方々も，多くの悩みや不安を抱えています。

　弁護士法人かなめは，園の立場でサポートを行う中で，多くの行政担当者の方と関わり，事態の収束に向けて連携・並走してきました。本書では，その過程で蓄積してきた我々の集合知を余すところなく書き記しました。

　重大事故や不適切保育の被害に遭われた被害児童，その保護者・関係者に心から寄り添う気持ちを持つとともに，いかに混乱を最小限に抑え，園を存続させ，園に関係するすべての方々の日々の暮らしを支えていけるか。「不適切保育」の言葉に惑わされず，いかに落ち着いて保護者対応・職員対応ができるか。本書では，この課題意識を基に重大事故・不適切保育事案発生時の対応方法を解説しています。

　日頃から緊急事態の発生に備えておきたい園の運営責任者，緊急事態が実際に発生した場合にどのように対応すればいいか苦悩している園の運営責任者，園の運営に関わる行政担当者の方々，園を支援する立場にある弁護士，社会保

険労務士，コンサルタントの方々等，幼保事業の運営に関わるすべての人にぜひ手にとっていただきたい書籍です。

　本書が皆様を支える一助になることを願っております。

　本書は，弁護士法人かなめが，実際に数多くの現場に関与させていただいた中で得られた知見の集積です。サポートで関わらせていただいたクライアントの方々に心よりお礼申し上げます。

　また，本書の刊行に際し，日々の忙しい業務の合間を縫って全力で執筆にあたってくれた米澤先生，中野先生，南川先生に感謝申し上げます。いつもありがとうございます。

　そして，執筆に必要な情報の調査分析，書面全体の統合作業やチェック等を担当してくれた秘書の皆様のサポートにも心から感謝申し上げます。

　最後に中央経済社の石井直人様，弁護士法人キャストグローバルの芦原一郎先生におかれましては，丁寧な原稿チェック・アドバイス，書籍全般の監修をしていただき，おかげで本書を完成することができました。執筆者を代表して感謝の意を表します。

　2024年10月

執筆者代表

畑山　浩俊

目次

Story 3
「虐待疑い？」初動対応を誤り大混乱に陥る園 — 127

不適切保育への対応

Story 1

重大事故は突然に

私は4歳児クラスの担任保育士です。

今日は8月10日。
この日はどんよりと曇り，蒸し蒸しして，とても過ごしづらい天気でした。
曇っていることもあるので，予定されていたプール遊びはとりやめになりました。

先生同士で話し合って，3歳児クラスと5歳児クラスは森

へ，４歳児クラスは畑へ散歩に行くことになりました。
　４歳児クラスは欠席児童もいたので20名，保育士の先生２名とボランティア１名の３名で畑までの散歩に引率しました。４歳５カ月のタロウ君もその中にいました。

　午前10時過ぎ頃，急に雨が降ってきたので保育所に帰ることにして，人数確認をした上で畑を出発しました。
　午前10時20分頃，児童たちは保育所の正門前の植え込みまで帰り着き，そこでセミの抜け殻取りなどを始めました。その際にも人数確認は行い，全員がいることを確かめました。
　午前10時25分頃，タロウ君のおばあちゃんが保育所前を通りかかったのでタロウ君は「おばあちゃん，バイバイ。」と言って，おばあちゃんを見送りました。

　その後，３歳児クラスと５歳児クラスの児童が戻って来て，入り乱れて園庭に入りました。
　散歩から戻った児童たちは，保育室，廊下，ホールなどでバラバラに遊び始めます。

　私は，どの児童がどこで遊んでいるか，どんな遊びをしているかを把握しておらず，もっぱら保育室にいる児童のみを相手に保育をしていました。

　午前11時15分頃，４歳児クラスでは給食の準備を始めました。準備が完了したので，児童を席に座らせたのですが，お皿が余っていたので，廊下に出て遊んでいる児童を呼び

戻しました。

しかし，それでも1人分お皿が余っているのです。そのとき，ようやく異変に気づきました。

「あれ・・・。タロウ君がいない！」

タロウ君がいないことがわかったのは午前11時35分頃でした。

すぐにタロウ君を捜し始めました。
保育所内の廊下，トイレ，倉庫，ホールなどを懸命に捜しましたが，タロウ君はいません。
他の職員とも協力し，懸命に捜索します。

タロウ君の靴は園内の靴箱にあったのですが，「タロウ君がおばあちゃんに会ったから，外に出て行ったのかもしれない。」と言う職員の言葉を受け，タロウ君の自宅や祖母の家まで捜しに行きました。

しかし，タロウ君は見つかりません。

捜索願を出すために警察署へ向かっていたところ，研修で外出していた園長と偶然出会ったので，タロウ君がいないことを伝えました。
園長はすぐに保育所内に戻り，保育所内の捜索に加わり，必死で捜索しました。

そして，タロウ君がいないとわかってから約1時間弱が経過した午後0時25分頃，園長が園内に設置してあった本棚の引き戸の中に入っているタロウ君を発見したのです。

タロウ君は汗びっしょりの状態で体温が高く，意識がない状態でした。
すぐに救急車を要請し，タロウ君は病院に搬送されました。しかし，午後1時50分頃，搬送先の病院でタロウ君の死亡が確認されました。

あまりにもショッキングな事態に，我々職員は言葉が出ず，ただ茫然と立ち尽くすことしかできませんでした。

（このストーリーは，上尾保育所事件（さいたま地裁平成21年12月16日判決）の事例（コラム「謝罪はあったが報告がなく，遺族が激怒」（34ページ）参照）を基に作成しています）

（畑山）

1　重大事故対応と不適切保育対応の違いとは

> 本書では重大事故と不適切保育で対応が区別されていますが，その違いは何ですか？

Q　本書での重大事故と不適切保育の違いは何でしょうか？

　一般には「不祥事」といった言葉で一括りにされる「重大事故」と「不適切保育」ですが，本書では明確に書き分けています。それは，それぞれのパターンで対応すべき事項，注意すべき事項について，重複する部分がある一方，大きく異なる部分も少なくないためです。

　すなわち，「重大事故」の場合には，事故が発生したことが明白ですが，「不適切保育」の場合には，事故が発生したこと自体が不明確です。したがって，「重大事故」の場合には，速やかに情報を開示することが可能ですが，「不適切保育」の場合には，不確実な情報を開示することでかえって問題をこじれさせてしまいますので，拙速な情報開示は控えなければなりません。

　ここでは，重大事故と不適切保育の対応における大きな違いを説明します。本書を読み進める上での視点として押さえていただければと思います。

①　重大事故と不適切保育の対応の違い1　～事実の調査～

　まず，大きな違いの1つ目は，「事実の調査」についてです。

　重大事故の場合も事実の調査は必要となりますが，事故が生じたこと自体は明白であり，事故が発生するまでの経緯や，なぜ事故が生じたのかという原因についての調査が重要となります。

　一方，不適切保育については，不適切保育自体の存在が不明確な状況で対応を迫られる場合（不適切保育の通報が入ったetc.）がほとんどです。つまり，「そもそも不適切保育があるのか」という点について調査を実施する必要があ

ります。

②　重大事故と不適切保育の対応の違い2　～保護者説明会～

　大きな違いの2つ目は，「保護者説明会」についてです。

　重大事故が起きた場合，被害児童やその保護者は重大な被害を受け，現場の職員や在園児の保護者にも大きな混乱や不安が生じています。場合によっては，すでに報道機関からの取材を受けている場合も想定され，園運営そのものについて危機的状況に陥っている場合も少なくありません。そのため，園運営のトップである理事長や園長が直接保護者にメッセージを発信して安心感を与えるため，保護者説明会も早いタイミングで実施することが重要となります。なお，早いタイミングといっても，園として態勢が整う前に保護者説明会を実施してしまうと，さらに大きな混乱や不安を招くことになりかねないため，注意が必要です（詳しくは2-10「関係各所対応①　在園児の保護者への対応～保護者説明会（全体像）～」（47ページ）以下で解説しています）。

　一方，不適切保育は，すでに述べたように，「そもそも不適切保育があるのか」がわからない状態から対応がスタートするため，事実の調査が終わっていない時点で保護者説明会を実施しても，何も報告することができません。そのため，保護者や職員に対して安心感を与えるどころか，むしろ，不安を与えてしまうだけです。事実の調査をしっかり行って，園としてどのような事実を認定できるか検討してはじめて，保護者説明会の実施の要否を検討すべきです。実際，調査の結果として不適切保育が認定できなかった事例も少なくありません。したがって，事実が判明するまでは，書面での説明や不適切保育の被害児童が所属するクラスの保護者のみに個別に説明を行うといった柔軟な対応を検討することが重要となります。

　これらの違いから，本書では「重大事故」と「不適切保育」を分け，それぞれについて解説をします。

（南川）

Story 2

重大事故発生！
混乱に陥る園

私は園長です。

午睡の時間，職員が慌てて園長室に来て，「児童が呼吸をしていません。」と報告がありました。

「児童には体調不良はなかったのに……なぜ？」と，現場は騒然としています。

「とにかくすぐに救護措置を！」

現場の先生で心肺蘇生法を試みたり，救急車を要請したり
慌ただしく動きました。

保護者へ連絡しましたが，お仕事中なのか電話がつながり
ません。緊急連絡先の祖父へ電話をすると，つながりまし
た。すぐに園に急行してくださるそうです。

「この後は何をしなければならないのだろう……。
そうだ！　行政の担当部署に一報を入れておかないといけ
ない！」

すぐに行政担当者に電話し，園内で事故が発生したこと，
今，救急車を要請していることを口早に伝えました。

その後，救急車が到着したり，児童の祖父が到着したり，
バタバタと事態は進行していきます。
救急車は病院に向かって急行し，職員が同行しました。
職員からその後の連絡を待ちながら，在園児の保育を継続
しなければと思っていた矢先です。
警察官が現場にやってきて，事故に関する聞き取りが始ま
りました。
「こんなに早く警察が来るの？」と混乱しつつも，対応し
なければなりません。

そんな中，病院へ付き添った職員から，児童の死亡が確認
されたとの連絡が入りました。体から力が抜けていくのを
感じました。現場のことは主任に委ね，私は園長としてす

ぐにご家族に会わなければならないと思い，病院へ行きました。

病院には，祖父だけでなく祖母も駆けつけており，とにかく謝罪しました。
この時，まだ保護者とは連絡がついていません。
「なぜこんなことになったのだ！」と怒り悲しむ祖父母に，ただただ頭を下げることしかできません。

しばらくしてから，主任から電話がかかってきました。
「園長！　大変です！　マスコミから取材の電話がかかってきました！　どう対応したらよいですか？」

私は混乱しました。
「マスコミ？　一体どういうこと？　とにかく一度園に戻ります。」
主任に伝え，病院を後にして園に戻りました。頭の中は大混乱です。

園に戻ると，お迎えに来ている在園児の保護者が園の混乱を察知されたのか，
「何かあったのでしょうか……。児童が救急車で運ばれた，と地元の人たちが噂しており，私も心配になってきたのですが……。」と不安な面持ちです。
私は内心，「そんなところまですでに噂が回っているのか。なんとかしないと。在園児の保護者へはどう説明すれば……」と焦りました。

そんな状況の中，追い打ちのように次の展開が訪れます。

園のインターホンが鳴りました。

主任が対応したのですが，すぐに飛んで私のところにやって来ます。
「園長！　マスコミがやって来ました！　取材したいと言っていますが，どう対応すればよいでしょう！」

私はもう何が何だかわからなくなってしまいました。
「目の前のマスコミへの対応，混乱する保護者への対応はどうすればよいの……」
職員もみんな混乱しています。私もどうすればよいかわかりません。

「被害に遭われた児童の保護者へも会いに行かなければ……」
「明日からの園はどうすればよいのか……」
完全に思考が停止してしまいました。

（畑山）

1　重大事故対応の全体像

> 当園でバスの置き去り事故が発生しました。幸い，すぐに発見されて大ごとにならなかったのですが，この機会に重大事故への対応を検討しようと思います。

Q　重大事故が起きた場合の影響，問題点は？

　園で重大事故が起きた場合，被害児童とその保護者はもちろん，職員の他，在園児やその保護者など園内部関係者に多大な影響が及びます。そのため，彼らに対する迅速かつ誠実な対応が重要となります。また，警察や行政，報道機関といった外部の関係者（ステークホルダー）の対応も重要になってきます。

　問題は，重大事故が起きて間もない時期に行う初動対応がとても重要で，初動対応を誤ってしまうとその後の園運営に大きな支障が生じかねないことです。翻ってみれば，1つひとつの対応を，交通整理をした上で適切かつ迅速に行うことができれば，園は早期に危機的状況を脱することができます。

Q　重大事故の初動対応のポイントは？

　重大事故が起きた際の初動対応の詳細は次の項目以降で説明しますが，大きくは事故直後の対応とその後の関係各所対応に分けられます。いずれも初動対応であり，時間的な余裕があるわけではありませんし，同時多発的に対応を迫られる場合もありますが，優先順位を意識することで対応方針を決めやすくなります。

　ポイントは以下のとおりです。

＜事故直後の対応＞
　①　被害児童への救護措置（2-3）

- 事故直後に被害児童に救護措置を実施する際にどの点に注意すべきか
② 被害家族への謝罪（2‐5）
- 被害児童の家族に謝罪をすべきか，どのように謝罪をすべきか
③ 被害家族への報告（2‐6）
- 被害児童の家族にどのような報告をすべきか
④ その他の対応（2‐7）
- 事故直後の職員にどのように（内容，伝え方）事故の情報共有をするか
- 事故直後の在園児の保護者や報道機関からの問合せ等にどのように対応するか
- 警察・行政の捜査・調査にどのように対応するか

＜関係各所対応＞
① 在園児の保護者への対応（2‐9〜12）
- 在園児の保護者への情報共有をどのように行うべきか
- 保護者説明会の実施に向けてどのような点を準備すべきか
- 保護者説明会の実施当日にどのような点に注意すべきか
② 外部関係各所への対応（警察・行政・報道機関）（2‐13〜20）
- 警察の捜査や事情聴取に対してどのように対応すべきか
- 行政の監査や検証委員会に対してどのように対応すべきか
- 報道機関からの取材や問合せに対してどのように対応すべきか
③ 職員への対応（2‐21）
- 職員にどのように（内容，伝え方）事故の情報共有をするか
- 職員のメンタルヘルスの問題にどう対応すべきか
④ 保険会社への対応（2‐22）
- 保険会社に対してどのような点を要請すべきか
- 保険契約について，平時にどのような点を確認しておくべきか

（南川）

コラム　重大事故初動対応時：決して失ってはならない視点

　2-1「重大事故対応の全体像」では，重大事故発生時の初動対応の8つのポイントを整理しました。この8つは，重大事故発生時に必ず実践しなければならないポイントです。

　どれ1つとっても疎かにしてはいけない重要トピックスです。

　読者の皆様は，「どの順番で実施すればよいのか」という点が一番気になることでしょう。残念ながら，個々の事案ごとによって起こる事態は千差万別ですから，明確に順番をつけることはできません。事案に応じて柔軟に対応していく他ありません。

　ただ，「決して失ってはならない3つの視点」をお伝えすることはできます。重大事故対応8つのポイントを実施する順番は，事案に応じて多少前後することはあったとしても，この3つの視点を押さえておくことで，誤った対応をしてしまうリスクを少しでも抑えることができます。

　1つ目は，被害児童への救護措置（①）です。

　迅速に救護措置を行うことで命が助かる可能性が少しでも高くなるわけですから，何を差し置いても最優先で取り組むべき事項です。

　2つ目は，被害家族への謝罪と報告（②③）です。

　重大事故対応発生時には，とにかく現場は混乱し，**Story 2**「重大事故発生！　混乱に陥る園」で紹介しているような状況に陥ります。救急車が来る，保護者対応が発生する，警察対応が発生する，報道機関対応が発生する等，様々な事態に臨機応変に対応しなければなりません。

　この中で最も注意すべきは報道機関対応です。

　報道機関が取材のために園に押し寄せる際，園側はそれにすぐに対応してしまい，事実関係が精査できていない状態でしどろもどろな受け答えをしてしまい，その様子が報道されてしまうことで，被害児童の保護者や親族が，園から直接説明を受けるよりも前に，マスコミ報道から事故の経緯や背景を，しかも不正確な内容で知ることがあります。被害児童の家族側としては，「なぜ直接園からの説明がないのだ。なぜ報道でこんなことを知らなければなら

ないのだ」と深い悲しみと激しい怒りに襲われ，園との信頼関係が決定的に破壊されます。

　報道機関からの取材に対しては，事実関係を整理した上で落ち着いて対応する必要があり，そのためには，取材に応じる前に事実関係を調査・整理する時間が必要です。

　そして，事実関係を調査・整理できた段階で優先すべきは，被害家族への謝罪と報告（②③）なのです。報道機関対応はその後です。いくら報道機関が押し寄せてきても「優先すべきは被害家族への謝罪と報告だ」という視点を持っておくことで，被害家族へ誠実な対応を行うという事故対応の基本を実践することが可能になるはずです。

　3つ目は，職員との情報共有（④）です。

　上記のとおり，様々な状況に臨機応変に対応するあまり，一緒に働く職員に対する状況説明，園の今後の方針の共有等が疎かになってしまい，職員が不安になり，園全体が機能不全に陥ってしまうケースも珍しくありません。実際の事案では，マスコミの報道をとおして初めて，事故の詳しい状況や園の今後の方針を知るに至ったという職員が，園に不信感を抱き，突如離職したというケースもあります。

　重大事故発生時は，いわば災害発生時と似たような状況になります。園が組織全体で対応していく事案になるため，職員に事故状況を共有し，誰が誰に対してどのように説明すべきかの方針を伝え，今後の園運営をどのように行っていくのか意思疎通を図り，チームプレイが発揮できるようにする必要があります。

　次項以降では，初動対応8つのポイントを1つひとつ詳細に解説していきますが，このコラムで紹介した「決して失ってはならない3つの視点」をしっかりと踏まえることが前提として重要です。

　その点を理解した上で，8つのポイントを実践するように努めてください。

（畑山）

2　事故対応マニュアルの重要性

> 事故対応マニュアルを一応整備はしていますが，事故類型ごとに準備はしていません。マニュアルは，想定される事故ごとに作成したほうがいいでしょうか？

Q　想定される事故ごとにマニュアルは必要ですか？

　皆様の園にも，児童の安全確保に関するマニュアルがあると思います。このマニュアルは様々なパターンの事故を想定したマニュアルになっていることが多いかと思いますが，果たして想定される事故をすべてカバーしているでしょうか。

　例えば，**Story 1**「重大事故は突然に」（1ページ参照）の事例が仮に皆様の園で発生したと考えてください。散歩から戻ってきたはずの児童が居なくなってしまったという事例です。皆様の園では，児童が居なくなった際の捜索マニュアルを準備しているでしょうか。弁護士法人かなめが調べたところによると，捜索マニュアルを準備している園は，ほぼ皆無です。

　捜索マニュアルが存在しない理由を理事長や園長に質問すると，「当園では，施錠装置，園内カメラ，職員の監視などを通じて，児童が園外に出ないよう事前対策に十分に力を入れているため，そもそも園児がいなくなってしまうということを想定していない。」という回答が返ってきます。

　この時点で，考えが甘いと言わざるを得ません。

　事前対策を十分に講じていることが100％の事故予防につながるわけではありません。「今まで外を歩く時は十分に周りに配慮していたから，交通事故に遭ったことはない。だから，今後も私は交通事故に遭うことはありません。」と言う人が皆様の周りにいたら，きっと皆様は，「どれだけ注意していても，

交通事故に遭わない保障などどこにもないじゃないか」と不思議に思うはずです。

　また，「園外に出ないように事前対策に十分に力を入れている」という点にも落とし穴が潜んでいます。「児童がいなくなる＝園外に出た」がすべてではないからです。児童の行動は予測がつかず，園内で職員の目を盗んで隠れている可能性があります。実際にStory 1の元になった事例では，いなくなった児童は園内の本棚の引き戸の中から発見されています。

　それでは，捜索マニュアルを準備していない園で児童がいなくなってしまった場合，職員の方々はどのように児童を捜すのでしょうか。文字どおり，「全力で手分けして，精一杯捜す」ということになると思います。しかしながら，これは単なる精神論です。捜索マニュアルを作成していなければ，捜索は必ず無策無計画な杜撰なものになります。訓練していないことは，実践することはできないのです。

　Story 1の元となった事例では，裁判所は，「短絡的に園外に捜索に出るなど漫然と時間を空費し」と厳しく評価し，園に捜索活動上の注意義務違反があったと認定しています。

　以下に捜索対応マニュアルの一例を挙げます。

- 行方不明事故発生時は，まず職員で手分けして園内の捜索を10分間行う。捜索実施箇所は，事前に協議の上，決めておく。
- 同時に社内SNSを通じて園内全体に行方不明事故発生を伝達し，園長に電話する。
- 園内捜索を10分間実施しても見つからない場合は，施設の敷地内を10分間捜索する。捜索実施箇所は，事前に協議の上，決めておく。
- それでも見つからない場合，ご家族に報告すると同時に，警察へ捜索願を出す。
- 施設外の捜索を職員と手分けして実施する。
- 施設外の捜索について，協力してくれる事業者へ一斉に連絡し協力を仰ぐ。

> • ご家族へは，捜索状況を1時間に1回は報告する。

　ここでは，捜索マニュアルの一例を挙げましたが，他にもプール事故発生時の対応マニュアル，誤嚥事故発生時の対応マニュアル等，自園で想定される事故ごとのマニュアルが整備されているか見直してみましょう。マニュアルがない場合は，作成に早速着手してください。

　作成過程では職員同士の様々なディスカッションが生じます。この作成過程で様々な気づきが得られ，園の安全性は向上し，職員間のコミュニケーションも活発になるでしょう。

（畑山）

3　事故直後の初動対応①
被害児童への救護措置（訓練の重要性）

> 重大事故が発生した場合，児童への救護措置が何よりも重要になると思うのですが，救護措置におけるポイントを教えてほしいです。

Q　救護措置において最も重要なことは何でしょうか？

　救護措置において最も重要なことは「いかに迅速に対応できるか」です。救護措置を迅速に実施できるか否かは，児童の命を救うことができるか否かに直結します。しかしながら，睡眠時に呼吸停止する，プールや水遊び中に溺れる，食事中に誤嚥する，遊具から転落し骨折する，児童の行方がわからなくなってしまう等，事故類型は実に多種多様です。

　そのため，重大事故の発生時に現場の職員が迅速に対応するためには，起こる可能性のあるすべての事故類型を予想し，事前に事故発生時のマニュアルを整備しておく必要があります（事故対応マニュアルの重要性は 2-2 で詳しく解説していますのでそちらをご覧ください）。

　そして，「いかに迅速に救護措置が実施できるか」は日頃からの訓練に委ねられています。訓練こそすべてと言っても過言ではありません。

Q　迅速に対応できるように日頃からどのような準備をしておけばよいでしょうか？

　迅速に対応するために重要なことは，先に説明したとおり，重大事故対応のマニュアルを策定した上で，実際に重大事故が発生したことを想定した救護措置の実践練習です。マニュアルを作っただけで満足してはいけません。そこからがスタートです。

　これは，有事に命を守るための防災訓練と同じだと心得てください。

　重大事故発生時，現場はパニックに陥ります。例えば，誤嚥事故発生時，意識を失い，顔色が悪くなってぐったりした児童を見て，怖くなって動けなくなってしまう職員がいます。また，パニックに陥って，どこから手をつけてよいかわからず，行き当たりばったりの対応をしてしまい，救護措置が遅れてしまう場合もあります。

　誤嚥事故を例に解説すると，少なくとも以下の行動を迅速に行う必要があります。

- 気道内異物除去
- 119番通報
- 被害児童の保護者への連絡（保護者へつながらない場合は緊急連絡先へ連絡）
- 自治体関係部署へ連絡
- 119番通報の際，救急隊員から救護措置の具体的内容を口頭で伝達されるので，その伝達内容を電話口の職員が救護措置を実施している職員に伝達する
- 救急隊員が駆けつけた際に迅速に救護措置ができるよう，救急車両の進入路を確保し，被害児童の場所までの動線を確保する
- 在園児が混乱しないように他のクラスの職員に応援を要請し，在園児を見守る体制をつくる
- 被害児童に付き添う職員から搬送先の病院を確実に聞き出し，それを迅速に保護者に伝える

　上記はあくまで一例ですが，これらの動きを迅速にかつ職員がチーム一丸となって行うためには，職員が共通認識できる事故対応マニュアルと，これを基にした実践訓練が重要です。前項2-2で例に挙げた園児の行方不明事故発生時の捜索も同様です。

　一朝一夕で，迅速なチームプレイはできません。日頃から訓練を実施しておくことが重要です。

（畑山）

コラム　マニュアル不徹底が招いた重大死亡事故

　ここまでは，重大事故対応マニュアルを策定し，その実践訓練を定期的に行うことが大切であることを説明しました。このコラムでは，視点を変えて，自然災害発生時における死亡事故裁判例を紹介します。

　園内で重大な事故が発生した場合，多くの職員はパニック状態に陥りますが，それは，甚大な自然災害が発生した場合も同様です。自然災害における死亡事故事例の分析をとおして，マニュアル策定と定期的な実践訓練がいかに大切かを解説します。

　自然災害は平成23年3月11日午後2時46分頃に発生しました。多くの人の脳裏に深く刻まれている「東日本大震災」です。三陸沖の宮城県牡鹿半島の東南東130km付近で，深さ約24kmを震源とするマグニチュード9.0という日本国内観測史上最大規模の地震は，主に宮城県，福島県等の東北地方の太平洋沿岸を中心に甚大な被害をもたらしました。

　ここで紹介する事例は，最大被災地の1つである宮城県石巻市にあった日和幼稚園の事例です。

【日和幼稚園事件（仙台地裁平成25年9月17日判決，その後仙台高裁平成26年12月3日和解）】

　日和幼稚園は，石巻市の最も安全な高台の中腹に位置し，避難場所として多くの人の命を救った日和山の一角に位置していました。地震発生から間もなく，防災無線やラジオが津波到来への警戒を何度も呼びかけ，それに応じた地域住民の方々が日和山に避難して助かりました。

　こうした中，あろうことか園長は，職員に児童らをバスで帰すよう指示したのです。この指示を受けて，日和幼稚園のバスは児童らを乗せて出発し，日和山を下り，海側の低地に向かいました。亡くなった児童たちの家は，バスが向かった海側の地区にはなく，海側に連れていかれる理由はありませんでした。バスに乗ったまま津波に巻き込まれ，児童5名の尊い命が犠

牲になりました。

　実は，日和幼稚園には防災マニュアルが存在していました。そこには，「地震の震度が高く，災害が発生するおそれがある時は，全員を北側園庭に誘導し，動揺しないように声掛けして，落ち着かせて園児を見守る。園児は保護者のお迎えを待って引き渡すようにする」とはっきり記載されていました。しかしながら，このマニュアルは職員には周知されていませんでした。避難訓練も一応は実施されていたものの，津波の危険性がある地域にある園として，防災対策は十分に行われているとはいえませんでした。

　仙台地方裁判所は，園側の責任を認める判決を言い渡しました。その後，園側が控訴し，ステージは仙台高等裁判所に移ります。

　仙台高裁では，通常の和解には付けない「前文」が付された形で和解条項が示されました。裁判所は，この悲しい事故を風化させてはいけない，後世の教訓にしなければならないと考えたのです。

　園を運営するすべての人にとって，非常に重要な意味を持つ前文ですので，以下に紹介したいと思います。

　当裁判所は，一審及び二審におけるこれまでの審理により，本件証拠から認定される具体的事実関係の下では，私立日和幼稚園側が，被災園児らの死亡について，地裁判決で認められた内容の法的責任を負うことは免れ難いと考えるとともに，被災園児らの尊い命が失われ，両親や家族に筆舌に尽くし難い深い悲しみを与えたことに思いをいたし，この重大な結果を風化させてはならず，今後，このような悲劇が二度と繰り返されることのないよう，本件訴訟の終了後も，被災園児らの犠牲が教訓として長く記憶にとどめられ，後世の防災対策に活かされるべきであると考えるものである。当裁判所は，このような考えのもとに，幼稚園側に対しては，上記の点が裁判上の和解により明らかにされることによって，被災園児らの犠牲が後世の防災対策に活かされるようにするため，双方に対し，和解を勧告した。

　こう述べた上で，園側の法的責任を認める内容の和解が成立しました。和解条項の一部を紹介します。

1．幼稚園側は，一審判決で認められた法的責任を認めるとともに，被災園児らと家族に対し，心から謝罪する。

2．幼稚園側は，幼い子供らを預かる幼稚園等の教育機関及び保育所等において，自然災害が発生した際に子供らの生命，安全を守るためには，防災マニュアルの充実及び周知徹底，避難訓練の実施並びに職員の防災意識の向上等，日頃からの防災体制が十分に構築されていなかったことを認める。

　この前文と和解条項を読み，皆様はどう思いましたか。日頃からの備えと訓練がいかに重要かご理解いただけたのではないでしょうか。

　実は，私も東日本大震災発生時，宮城県仙台市内で被災しました。司法試験受験を目指し，東北大学法科大学院で勉強している最中でした。震度6強の揺れに体ごと吹き飛ばされ，パニックに陥りました。

　すべての人がパニックに陥る中で，冷静に判断して行動することは至難の業です。日和幼稚園の先生方も等しく被災しているのですから，一方的に責めることはできません。ですが，たくさんの尊い命を預かる園は，その命を守る重大な責任を負っています。

　自然災害に備えること，重大事故に備えること，いざそれらが発生した時に冷静に対応できるよう，日頃から職員全体で訓練を実施すること。

　たとえ，今まで一度も重大事故が生じたことがない園でも，今後もずっと発生しないとは限りません。当事者意識を持って，上記の備えに真剣に取り組んでいきましょう。それが尊い命を守ることに直結するのです。

（畑山）

4　経緯説明書は迅速に作成しよう

> 重大事故が発生した場合，どのタイミングで，どのように事故の経緯を記録に残すべきでしょうか。

Q　事故の経緯の記録は，いつ，どのように行えばよいでしょうか？

　事故の経緯を記録に残すタイミングは，事故当日のなるべく早い段階です。

　重大事故の発生時に限らず，私たちは毎日，数えきれない多くの出来事に遭遇しています。その1つひとつをすべて記憶している人はもちろんいませんし，それが，重大事故発生の混乱時となればなおさらです。そのため，事故の経緯や状況を記録するのは，できるだけ早い段階であることが望ましいのです。

　この時，記録の方法や形式にこだわる必要はありません。記録をすること自体が非常にハードルの高い行為となってしまうと本末転倒なので，例えば，日々園内で利用している連絡ツールで，上司への報告を兼ねて状況を記録すれば，送信日時も記録され，記録方法としては申し分ありません。

　また，この記録は箇条書きなどでも問題はありませんが，記録をする際に注意すべきは，「5W1H」，つまり，「いつ」「どこで」「誰が」「なぜ」「何を」「どのように」行ったのかを意識しながら記録することです。これらが明らかになっていれば，後から記録を見た際に，何が起きたのかがはっきりしますし，記憶の喚起にも非常に役立ちます。

　これに加え，重大事故という観点からは，以下の内容も意識しましょう。

① 事故発生日時

② 事故発生時の体制

③ 事故発生場所

④　発見時の児童の様子

⑤　事故の発生状況

- 当日の登園時からの児童の健康状況

- 事故発生時の状況

- 発生後の救護措置の具体的内容

　上記の内容は事故報告書の項目の一部に該当するものです。

　もっとも，この時，「すべての項目を埋めないといけない」と考える必要はありません。その時に判明していること，確認できる事情を，わかる範囲でその都度記録をしておきましょう。

Q　経緯説明書は，いつ，どのように作成すればよいでしょうか？

　これらの記録を前提に，経緯説明書についても早期に作成を始めるようにしましょう。なぜなら，被害家族への謝罪・報告の場面，警察の取調べの場面，行政への報告の場面，報道機関からの取材対応の場面で，事故の経緯を詳しく説明しなければならない場面が何度も生じるからです。この時，場面によって異なる説明や事実関係に矛盾があるような説明をしてしまうと，被害家族は不信感を抱きますし，報道も過熱し，事後対応が非常に困難になってしまいます。そこで，事故発生時からつけた記録を基に，経緯説明書を作成するようにしましょう。

　経緯説明書は，対外的に見せることを意識したものである必要があります。そこで，経緯説明書の作成時には，被害家族に謝罪・報告に行く場面を思い浮かべて作成するようにしてください。被害家族が最も知りたいのは，「なぜこのような事故が起こったのか」という真実の部分です。経緯説明書ができあがったら，職員の複数名で声に出して読み合うようにしてください。その際，「被害家族の視点で読んだとしたら，知りたい事実が記載されているか」という観点で確認作業を行うようにしましょう。加えて，声に出して読むことで，文章のおかしな部分を発見することが可能になります。

（畑山）

5　事故直後の初動対応②　被害家族への謝罪

> 園内で誤嚥事故が発生し，児童が意識不明の重体になるという重大事故が発生しました。事故直後に被害家族へ謝罪はしてもいいのでしょうか？

Q　謝罪にはどのような種類があるのでしょうか？

謝罪には以下のとおり，3つの種類があります。

---

① 被害家族への共感を示す謝罪

② 道義的責任を認める謝罪

③ 法的責任を認める謝罪

　重大事故が発生した場合，言うまでもないことですが，被害家族への謝罪は非常に大切です。

　児童の容体が深刻な場合，被害家族だけではなく，園長・主任・職員も大きなショックを受けています。被害家族を目の前にしたとき，謝罪の言葉が口をついて出てくることは自然な状態です。

　このように自責の念にかられ，口から自然と出てくる謝罪は，①被害家族への共感の気持ちから出てくる謝罪，そして，②自分たちの園で大変な事故を引き起こしてしまったという道義的責任の謝罪です。

　生じた事故の重大性に心を痛め，責任を感じ，本心から「申し訳なかった」という気持ちで謝罪することが何よりも重要なことです。

　①②の謝罪は人として絶対に行うべき謝罪であると心得ましょう。

Q　重大事故発生直後の謝罪で気をつけるべきポイントはありますか？

　相談の際，「謝罪したら，責任を認めたことになるので，責任が確定するまで謝罪しないほうがよいのではないですか？」と質問を受けることがあります。しかしながら，この理解は必ずしも正しくありません。

　人は感情の生き物です。

　事故発生時，園の責任の有無にかかわらず，「申し訳なかった」との思いが湧くのが自然なことであり，かつ，被害家族もこれを望んでいます。それにもかかわらず，誤った理解から謝罪を控えれば，被害家族は人として当然あるべき謝罪がないと感じ，園に対し強い憤りを覚え，信頼関係の修復が不可能になります。本来，大きな紛争に発展することがないような軽微な事案であっても，①②の謝罪がなかったことで訴訟にまで発展し得るのです。

　「謝罪＝法的責任を認める」ではありません。下記は，介護施設内で発生した誤嚥事故の事例ですが，介護事業所の法的責任の有無が争われた裁判において，裁判所は以下のとおり述べて，「謝罪＝法的責任を認める」という見解を明確に否定しています。

> 施設長が謝罪の言葉を述べ，原告らには責任を認める趣旨と受け取れる発言をしていたとしても，これは，介護施設を運営する者として，結果として期待された役割を果たせず不幸な事態を招いたことに対する職業上の自責の念から出た言葉と解され，これをもって被告に本件事故につき法的な損害賠償責任があるというわけにはいかない。
>
> （東京地裁立川支部平成22年12月8日判決）

　法的な責任があるかどうかは，事故発生について，園側が安全配慮義務を尽くしたのかを様々な事実関係から精査した結果判断されるものであって，少なくとも事故直後の場面では判断することは難しいことが通常です。事故直後の場面では，①共感と②道義的責任の謝罪に専念しましょう。

（畑山）

6　事故直後の初動対応③　被害家族への報告

事故直後に被害家族へ謝罪は行ったのですが，初動対応としての報告はどのように行えばよいでしょうか？

Q　単に謝罪するだけでいいのでしょうか？

　2－5で，事故直後の場面では，①共感と②道義的責任の謝罪を行うべきであると解説しました。もちろん，謝罪は絶対的に必要な行動ではありますが，謝罪だけでは必ずしも十分とはいえません。

　被害家族の立場に立って考えれば「なぜ，元気な姿でわが子を預けたのに，意識不明の重体になってしまったのだ。一体園内で何があったのだ」と思うはずです。被害家族は真実が知りたいのです。

　そこで，事故直後に被害家族と面会する場面では，謝罪をした上で，なぜ事故が発生したのかについて，その時点で判明している具体的な事実経緯を報告することが必要です。実際に謝罪はしたものの一切の報告がなかったことで遺族が激怒し，訴訟にまで発展した裁判例もあります（上尾保育所事件（**コラム**「謝罪はあったが報告がなく，遺族が激怒」（34ページ）））。

Q　報告の際のポイントは？

　被害家族に報告する際に注意すべき3つのポイントがあります。

---

(1)　逃げない

(2)　隠さない

(3)　偽らない

　逃げの姿勢で臨むと，被害家族に「責任回避しようとしているのではない

か」と疑念を抱かれることになります。

　仮に，存在する事実を隠して報告をした場合，隠した部分は後で必ず発覚します。その際，被害家族の園に対する信頼はなくなります。

　同様に，事実を偽ってしまうと，被害家族は真実解明により一層躍起になりますし，こういった姿勢が報道で流れてしまうと，園は世間からの非難を集中的に浴びることになり，大混乱に陥ってしまいます。

　要するに，逃げる・隠す・偽るという誤った姿勢で被害家族に臨んでしまうと，被害家族，在園児の保護者，園で懸命に働く職員等の園を取り巻く関係者のみならず，報道等で事故を知った一般市民までもが園のあり方に疑問を投げかけ，いわゆる炎上状態になってしまうのです。ひとたび炎上すると，事故対応どころではなくなり，被害家族以外にも多くの人たちが傷つく最悪の展開になります。

　ありのままを報告することはたしかに怖いことかもしれません。しかしながら，怖いからといって，被害家族をないがしろにしてはいけません。悲痛な想いに暮れる被害家族に対し，(1)逃げない(2)隠さない(3)偽らないの姿勢で真正面から事実を報告することは，園を運営する者としての責務であると肝に銘じてください。

　なお，事故発生直後の報告は，あくまで初動対応時において判明している事実を前提とすればよく，その後の調査の結果，当初判明していなかった事実が判明したり，当初認定した事実と異なる事実が判明したりした場合には，その旨を誠実に説明して，新たに報告をすれば問題ありません。絶対にしてはいけないことは，まだ判明していない事実をあるかのように説明したり，いい加減なことを報告したりすることです。もし，報告時に調査中の事実等がある場合には，その旨をはっきり説明するようにしましょう。

Q　「責任を認めるのか？」「賠償金は支払うのか？」と言われたら？

　報告の際，「園側が事故の責任を認めるということですね？」「損害賠償はきちんとしていただけるのですね？」などと，被害家族が園に対して法的責任が

あること，賠償義務があることを確約させようとする場合があります。

　もっとも，2－5で説明したとおり，法的責任の有無は，事故発生について園側が安全配慮義務を尽くしたか否か，様々な事実関係を精査した結果判断されるものです。そのため，事故報告を行ったこと自体が，法的責任を自認することにはなりません。

　したがって，仮に，事故報告の場面で被害家族から法的責任を認めるのか否かを迫られたとしても，軽々しく法的責任があることを約束・自認してはいけません。

　次のように回答するようにしましょう。

> 我々といたしましては，現時点で把握できている事実関係を基に，事故の状況・詳しい経緯を説明させていただいております。法的責任の有無については，今後，保険会社や弁護士と速やかに事故状況・詳しい経緯を共有し，協議検討させていただきます。進捗は随時ご報告させていただきます。ご理解のほどよろしくお願いします。

　生じた結果の重大性から，ただちに法的責任を確約させようとする被害家族の気持ちは理解できなくはありません。しかしながら，法的責任の有無は厳密に判断しなければなりません。性質上，その場ですぐ約束できないものなのです。

　園が被害家族に賠償金の支払を約束した後になって，保険会社が事故調査の結果，法的責任なしと判断する場合もあり得ます。その場合は，保険会社から賠償金の支払を得ることはできません。賠償金について，保険会社から支払を受けられず，賠償金を支払うためには，園が自ら負担しなければならなくなります。このような場合，「保険会社が過失なしと判断したので，賠償金はお支払できません」と被害家族に伝えれば，当然，「当初約束したではないか！」と紛争が激化することは火を見るよりも明らかです。被害家族からすれば，2度園に裏切られたような気持ちになるでしょう。

　できない約束はしない。

　これは，園を守ると同時に，被害家族に二次被害を与えないためにも，初動対応の場面における鉄則です。たとえ被害家族からその場で厳しく追及を受けたとしても，事実関係の調査中であることを繰り返し説明し，理解を得るようにしてください。

（畑山）

コラム　謝罪はあったが報告がなく，遺族が激怒

　生じた結果が重大であればあるほど，被害家族の「真実を知りたい」という気持ちはより大きくなります。

　この気持ちに真正面から向き合い，単に謝罪するだけでなく，「逃げない，隠さない，偽らない」の姿勢で真正面から被害家族に事実経緯の報告を行うことが大切です（2-6「事故直後の初動対応③　被害家族への報告」30ページ）。

　実際に重大事故が発生した場合，園の職員も大きなショックを受けパニック状態になることから，冷静に報告を行うことは困難です。しかしながら，報告を怠ってしまったことで被害家族が激怒し，訴訟にまで発展してしまった事件がありますので，以下で紹介します。

【上尾保育所事件（さいたま地裁平成21年12月16日判決）】

　これは，埼玉県にある市立保育所の児童が，保育所内で熱中症により死亡した事故です。

　その日，児童たちはクラスごとに散歩に出かけており，散歩から帰ってきた後は，クラスを問わず保育室，廊下，ホールでバラバラに自由に遊んでいました。そのため，保育所の職員は，散歩から帰ってきた後の被害児童の動静が確認できていない状況でした。

　給食の時間になった際，職員が被害児童がいないことに気づき，保育所内外を捜索したもののすぐに発見することができず，捜索から約1時間弱が経った頃，保育所内に設置されていた本棚の引き戸の中で意識不明の状態で倒れている被害児童を発見するに至ったのです。

　亡くなった児童の被害家族は，なぜ死んでしまったのか，どのような状況で死に至ったのか，真実を知りたいと強く思いました。至極当然の感情です。しかしながら，被害家族が事故翌日に亡くなったわが子の荷物を取りに行った際，保育所から事故状況に関する詳しい報告はありませんでした。

　散歩から帰ってきた児童たちの動静を確認していなかったわけですから，職員たちもなぜこの事故が起こったのか，事故直後では詳しい経緯を把握できていなかったのだと思います。しかしながら，事故直後に徹底的に調査し，わかる範囲できちんと報告することはできたはずです。

　被害家族の父親は，なぜ，わが子が本棚に入ったのか，そのまま見つかることなく死亡してしまったのか，その詳しい経緯について誰も話そうとしないことに腹を立て，保育士らに対して「どうしてこうなったのかを教えてくれ。」と述べましたが，保育士たちは説明ができず，ただただ土下座するのみでした。

　この事案では，園を運営する市は，マスコミ対応や他の保護者に対する報告説明を優先し，実に事故から10日以上も経ってからようやく被害家族への報告を行っています。しかも，この報告も，一向に連絡がないことにしびれを切らした被害家族が市役所に連絡をとったことでようやく実現したのです。

　事故直後の場面では，単に謝罪するだけでは不十分なのです。真実を知りたいと願う被害家族に対し，事故の状況をきちんと詳しく報告することが必要不可欠なのです。

　なお，この裁判では，「被害家族への事故報告が遅くなった」という園の対応を捉えて，被害家族の「心痛に十分に配慮したものとは言い難い」と述べ，被害家族の慰謝料を算定するにあたって考慮するのが相当であると判断しました。

　重大事故発生時，園は様々な対応に忙殺されることになりますが，被害家族への対応が最も重要であることを忘れてはいけません。

（畑山）

7　事故直後の初動対応④　その他の対応
～職員との情報共有／在園児の保護者・報道機関への対応 他～

> 園内で児童が誤嚥して意識不明の重体になるという重大事故が発生し，対応に追われています。職員の間でも動揺が広がり，在園児の保護者からも問合せが殺到しています。
> どのように対応すればよいのでしょうか？

Q　職員への情報共有は行うべきでしょうか？

　園内で誤嚥事故が発生した場合，被害児童の保護者への連絡，行政への報告，警察対応，報道機関対応，在園児の保護者への説明，保険会社対応等々，多方面への対応に追われることになります。これらの対応に伴い，園は騒然とした状態になります。

　職員間にも動揺が広がるため，理事長をはじめとする経営陣が対応方針を示し，園長が陣頭指揮をとり，現場の職員に必要な情報を伝達することが大切です。現場の職員たちは，適時に必要な情報を得られることで，落ち着いて行動することが可能になるため，重大事故発生直後の場面における職員との情報共有は，重大事故発生後の事後対応を適切に進めていく上で非常に重要です。

Q　職員へは，どのタイミングで伝えるべきでしょうか？

　まず，職員への情報伝達のタイミングです。

　事故直後は，被害児童の保護者への連絡，行政への報告，警察対応が発生し，報道機関の取材も殺到します。また，事故が発生した時間帯にもよりますが，在園児のお迎えの時間と重なった場合，在園児の保護者への対応も必要になります。

　そのため，園内で働く職員に対しては，事故発生後のなるべく早いタイミングで事故が発生したことを伝達することが求められます。具体的には，質問のような誤嚥事故発生の場合は，被害児童を救急搬送した後のタイミングで当該園にいる職員に対し事故発生について伝達すべきです。その後も事態は刻一刻と変化すると思いますので，なるべく小まめに職員会議を開き，情報共有を行うことが大切です。情報共有することが職員に安心感を与えることにつながり，また，誠実かつ適切な事故対応につながります。

Q　職員には，何を伝えればよいでしょうか？

　次に，何を伝えるかです。

　最初の情報伝達のタイミングは事故直後ですから，伝達できる情報量も限定されているはずです。以下の表を参考に何を伝えるのかを整理しましょう。

【事故直後に職員に伝達すべき内容】

①事故内容	被害児童が誰であるか，被害児童の状況（救急搬送先の病院で治療中である等）を伝達する。
②被害児童の保護者への対応	誰が窓口担当であるのかを明確にする。 例えば，園長と主任が窓口を担当すると決めた場合，園長と主任が窓口を担当することを説明し，園長や主任からの要請がある場合以外は，職員が独自の判断で被害児童の保護者への対応を行わないように伝達する。
③在園児の保護者への対応	事故直後では情報が限られていること，不正確な情報拡散による混乱防止の観点から，在園児の保護者から「何があったのか」を問われた際の回答を統一する。 例えば，「事故が発生したのですが，現在，対応中で詳細は我々職員にもまだはっきりとしたことがわかっていません。詳細がわかり次第，園から保護者の皆様に説明させていただきますので，今しばらくお待ちください」等と回答を統一する。どう答えてよいかわからない場合は，「園長・主任にご相談ください」と回答を統一する。

④報道機関への対応	重大事故発生日の当日から報道機関の取材が入る可能性があること，電話取材，突撃訪問取材等には職員が個別に応じないことを伝える。あくまで園を運営する法人側が報道機関への対応を行うことを伝えること。 ※報道機関対応については，「報道機関への対応」（2-19，20）を合わせてご覧ください。
⑤警察の捜査対応	警察が現場に捜査に来る可能性があること，あくまで捜査であり，現場ですぐに誰かが逮捕されるなどはないことから落ち着いて対応することを伝える。
⑥行政への対応	今後，行政による指導監査，検証委員会による現場調査が生じる可能性があること，あくまで調査であり，園が運営できなくなるわけではないため，落ち着いて対応することを伝える。

Q　どの範囲の職員に，どのように伝えればよいでしょうか？

　一口に「職員」といっても，その範囲は園によって様々です。少なくとも，事故が発生した園内には，該当クラスの職員と該当クラス以外の職員がいます。また，運営法人が複数の園を運営しているケースもあります。

　事故が発生した園内では，該当クラスで働く職員以外であっても，在園児の保護者から質問を受けたり，報道機関から取材を受けたりする等の可能性がありますので，全職員に情報伝達すべきです。その場合は，なるべく，集まることができる職員は一堂に会して情報伝達のための会議を開くことがよいでしょう。一堂に会することが難しい場合は，何回かに分けて伝達するようにしましょう。

　運営法人が複数園を運営している場合は，事故が発生した園以外であっても，噂を聞きつけた保護者から，「事故があったようですが，この園は大丈夫でしょうか」といった質問が出るケースもあります。また，報道機関は，運営法人が同じであるという理由で，事故が発生した園以外の園にわざと電話取材を持ち掛けるようなケースもあります。したがって，複数園がある場合は，事

故が発生した園以外の園の職員に対しても，情報共有を行う必要があります。

　もっとも，事故が生じた園に比べて伝達すべき事項は限定しても問題ありません。なぜなら，警察の捜査対応（⑤）や行政への対応（⑥）については，事故が発生した園のみで実施されますし，被害児童の保護者への対応（②）についても，通常は事故が発生した園のみで発生し，仮に発生したとしても頻度はごくわずかだからです。したがって，上記表のうち，①事故内容，②被害児童の保護者への対応，④報道機関への対応の3点に限定して伝達するようにしましょう。

（畑山）

8　関係各所への対応の概要

児童の救護措置，被害家族，在園児の保護者，職員へのいったんの情報共有などはなんとかクリアできました。
この後は，どのように対応していけばよいでしょうか？

Q　重大事故直後の対応後にはどのような対応が想定されますか？

　ここまでは，重大事故直後の対応の重要性とその内容について説明しましたが，ここからが重大事故対応の本番です。

　ここでは，重大事故直後の対応の後，想定される対応の概要について説明し，それぞれの対応の詳細については，次項以降で説明します。

⓪　事実関係の確定

　まず，事故直後には，事実関係はほぼ確定していません。また，被害児童の容体や状況が変化している場合もあります。このように，事実関係が確定していない，状況が変化している場合には，随時事実関係を調査し，最新かつ正確な事実関係を確定する必要があります。

①　在園児の保護者への対応

　被害家族に対して丁寧かつ慎重に対応することが必要であることはもちろん，在園児の保護者対応についても検討する必要があります。在園児の保護者としては，重大事故が起こった園に児童を預けるのは不安であるものの，かといって児童を預かってもらえないのは困るという状況だと思います。園としては，在園児の保護者に対して十分な説明をし，しっかりと信頼関係を築いていくことが重要になります。

②　警察への対応

　重大事故が発生した場合には警察が園に捜査に来る場合があります。警察は

事前連絡なく来ることもあり，制服の警察官が複数で園を訪れる状況は非常に物々しく，混乱してしまうかもしれません。まずは，突然警察が来ることがあると認識した上で，職員全体で心構えをしておきましょう。

③　行政への対応

　行政は園に対する監督権限を持っているため，重大事故が発生した場合，園に監査に来ることがあります。監査についても，行政職員が当日突然園にやって来ることもありますので，警察対応と同様に心構えをしておきましょう。

　また，重大事故が発生した場合，検証委員会という調査・検証のための委員会が発足されることがあります。検証委員会の委員が園に来たり，委員会に呼び出されたりすることがありますので，これについても心構えをしておきましょう。

④　報道機関への対応

　昨今，保育園，幼稚園での不祥事に関する報道が過熱しており，世間の関心も強くなっていますので，報道機関対応の重要性は日に日に増しています。そして，報道機関対応での失敗が，その後の大混乱を招いているケースも非常に多いため，報道機関から接触があった場合に慎重な対応を心がけましょう。

⑤　職員への対応

　職員対応については，事故を起こした職員への対応と他の職員への対応を分けて考える必要があります。事故を起こした職員については，なんらかの処分を検討する必要があるかもしれませんし，他方で，事故を起こしたことに責任を感じ，心身に不調が生じる可能性もありますので，体調への配慮も必要になるかもしれません。また，その他の職員については，重大事故が発生したとしても園運営は継続する必要がある場合がほとんどですので，通常どおり園運営ができるように，園長が陣頭指揮をとる必要があります。

⑥　保険会社への対応

　重大事故が発生した場合の賠償金は多額になる可能性が高く，その場合には園で契約している賠償責任保険から支出することになります。そのため，損害保険会社との情報共有，連携も重要になります。

（米澤）

9　関係各所対応①　在園児の保護者への対応
～個別の保護者対応～

> 当園で児童の死亡事故が発生し，新聞報道もあったため，現場の職員が在園児の保護者から問合せを受けています。一部の保護者からは，「速やかに保護者説明会を開催すべきだ！」「すぐに説明できないのはおかしい！」などといった一方的な要望も出ているようです。
> どう対応すべきでしょうか？

Q　重大事故発生後の在園児の保護者対応で重要なことは何ですか？

　重大事故の発生後，在園児の保護者から現場の職員が問合せを受けることが多々あります。そのほとんどは，在園児の保護者として，「何があったのか知りたい」「事故に遭った児童はどうなったのか」などの純粋な思いからの問合せですが，場合によっては，不安な気持ちをぶつけるかのように，現場の職員に対して強い言葉で文句や要望を浴びせることがあります。

　在園児の保護者対応で重要なのは，「現場の職員を孤立させない体制づくり」です。

　保護者に寄り添いすぎた結果，現場の職員に無理を強いてしまい，結果として現場の職員が孤立し，疲弊してしまうという事態が発生することがあります。これではよい保育・教育を提供することはできませんし，職場環境の悪化や離職といったさらなる悪影響も避けられません。

　現場の職員を孤立させない体制づくりとして，以下の点が重要となります。

---

　①　回答方針の共有

　②　対応の記録・報告

③　組織の役割分担の明確化

④　トップの姿勢

Q　回答方針はどのように共有したらよいですか？

　まず重要となるのは，度が過ぎたクレームに対する回答方針の共有です。

　保護者からの度が過ぎたクレームは，想定事例にあるような「現場の職員では（すぐに）判断できないこと」を求めてくることが多いです。基本的には「園（法人）全体で検討判断する事柄であり今すぐ答えられない」として，必要であれば持ち帰って追って回答するといった回答方針を基本スタンスとすべきです。また，保護者の中には，職員の言動の1つひとつを非難したり，揚げ足をとったりするなどして，もはや事故とは関係のない言いがかりのようなクレームをぶつけてくる方もいます。

　例えば，よくある要求として，「すぐに保護者説明会を実施しろ」と言われることがあります。以下に，回答例を紹介します。

【回答例1】

保護者　事故に関して速やかに保護者説明会を開催すべきだ！

園　側　ご心配をおかけしてしまい申し訳ありません。保護者の皆様に対して早くご説明の機会を設けるべきであることは十分に理解しているのですが，正確な事実関係の調査や事故の原因を踏まえた再発防止策，今後の運営方針も検討した上でなければ皆様に十分な説明が実施できませんので，大変申し訳ありませんが，少々お時間を頂戴いたします。開催時期が決まりましたらご案内させていただきますのでご了承ください。

ポイント

- まず謝罪の言葉を述べる（2-5参照）

- 時間を要する理由を明確に述べる（事実関係の調査・再発防止策の検討・

運営方針）

- 保護者の要望に不用意に応じないこと（要望がエスカレートするリスクがあるため）
- 執拗な場合は，「持ち帰り検討する」と回答（その場で約束しない）

Q　対応の記録・報告はどのようにすればよいですか？

　個別対応では，現場の職員による対応内容の記録と，園長や主任に対する正確かつ迅速な報告が重要です。他の職員への情報共有および万が一職員が問題のある対応をした場合の即時のリカバリーが可能となるためです。

　まず，原則として現場の職員は「2人組で保護者に対応する」ことを徹底してください。これには，聞き役と記録係の役割分担が可能になることと，1人で対応する心細さを解消するメリットがあります。仮に1人でいる時に保護者から声を掛けられた場合は，「正確にお申し出を記録するので。」と言って他の職員にサポートを要請しましょう。少し間を置くことにもなるので，その間にクレームを受け止める心の余裕も出てきます。

　可能であれば録音も実施しましょう。その際，法的には，保護者に対して録音を実施している旨申告する必要はありません。ただ，事後的に発覚した場合にクレームが激化しそうな保護者の場合は，事前に申告をしてもよいでしょう。その際も，許可を得る必要はなく，「正確な記録のため録音させていただきます。」と言えば問題ありません。もし録音をやめろと言われた場合は，以下のように回答しましょう。

【回答例2】

保護者　録音をとるのはプライバシー侵害で個人情報保護法違反ではないのか。録音をとるのをやめろ！

園　側　大変申し訳ありませんが，園としても保護者様からのご要望内容を正確に把握し，後で認識のズレがあるとお互いによくないので，録音をとらせていただいています。ご容赦ください。

> **ポイント**
> - 録音をとる行為は，記録作成上必要な「業務」でありやめる必要はない
> - プライバシー性は低く，個人情報保護法にも違反しない

　言った言わない，という認識のズレを避けることは園だけでなく保護者にとっても有益であるということを説明することが大切です。

　そしてこれらの対応が咄嗟の場面でもできるように，日頃から職員間でクレーマー役と職員役による想定訓練をしておきましょう。火事や地震といった自然災害の避難訓練と同じく，クレーム対応の訓練は現代の園運営で必須と言っても過言ではありません。

Q　組織の役割分担はどのように明確にすればよいでしょうか？

　組織として，保護者対応に関する役割分担を明確にしておくことも重要です。具体的には，現場の職員が適切な受付対応をした後，報告を受けた園長や主任といった対応窓口がクレームに対する対応方針を決め実行する，というような役割分担です（下記図参照）。稀に現場の職員にクレーム対応をすべて任せる園を目にしますが，それでは職員が疲弊し，園に対する不信感が高まります。

　対応窓口は，警察や行政，顧問弁護士など外部専門家に適宜アドバイスを仰ぎつつ，度が過ぎたクレームに対し注意や警告，場合によっては，利用契約の終了なども検討しなければなりません。重大事故が起こった場合，園は保護者から理不尽なクレームを受けても，「事故を起こした自分たちが悪いから……」とすべてを聞き入れてしまう傾向にありますが，問題は切り分けて考えるべきです。

【組織の役割分担イメージ】

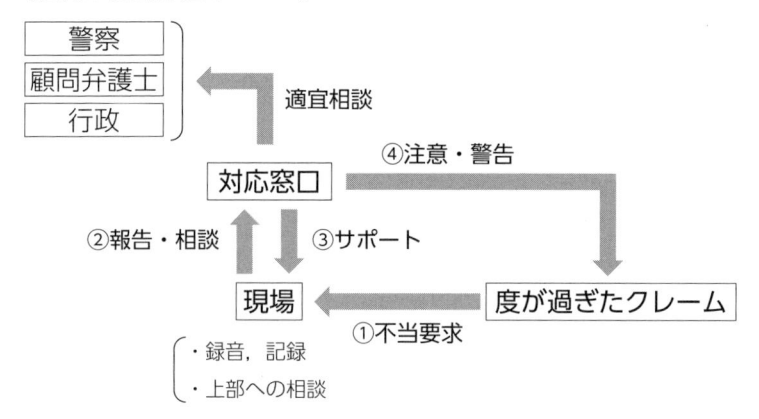

Q　トップの姿勢はどのようにあるべきでしょうか？

　体制づくりのポイントを説明してきましたが，最も重要なのはこれらの体制づくりを園のトップが自ら職員に伝え，保護者対応について組織全体で取り組む姿勢を示すことです。「現場のことは現場に任せている」として情報発信を主任など現場担当者に任せる園もありますが，それでは職員たちから「経営陣（園長や理事長）は現場の大変さをわかろうとしていない」と反発を受けかねません。

　現場と向き合い，現場の状況を踏まえつつ組織で対応していく体制を構築し，それを全体に情報発信する姿勢を見せることで，職員は園運営に対して安心感を持ちます。その結果，職員のパフォーマンスは向上し，よりよい保育の提供につながるのです。

（南川）

10　関係各所対応①　在園児の保護者への対応　　　　　　　　　　　　　　　～保護者説明会（全体像）～

在園児の保護者からの要請もあり，保護者に対して説明会を実施しようと思いますが，今まで経験したことがありません。何に気をつければよいでしょうか？

Q　なぜ保護者説明会を実施するのでしょうか？　～目的から考える～

　そもそも，なぜ保護者に対し説明会を実施する必要があるのでしょうか。それは，今後の園の利用について「安心感」を持ってもらうためです。

　基本的に大多数の保護者は，園を応援・支持してくれています。しかしながら，重大事故が発生すると，「自分の子供は大丈夫だろうか」「今後の園は大丈夫だろうか」「果たしてこれまでどおり保育・教育を提供してくれるのだろうか」と不安になります。そのため，その不安を払拭し，今後も安心して園を利用してもらう気持ちになってもらうことが保護者説明会で求められます。

Q　説明会実施のポイントは？　～徹底した準備がすべて！～

　しかしながら，重大事故に関する保護者説明会を実施する場合，ただやみくもに準備をするだけでは，安心感を与えることはできません。上述したような保護者の不安をくみ取って，毅然とした対応をとることが重要となりますが，園側にはそのような知見がない場合が多く，説明会の運営は混乱を極めます（昨今の重大事故に関する報道をご覧いただければおわかりいただけると思います）。説明会における対応が不十分な場合，保護者だけでなく，説明会に関わる職員の園に対する不信感も募ります。

　重大事故が発生した後の説明会において，混沌や紛糾を最小限に防ぐには，「徹底した準備」が必要不可欠です。

Q　説明会の準備事項，留意点の全体像は？

　保護者説明会の実施に向けた準備事項と，各事項での留意点は以下のとおりです。詳細については次項以下で説明します。

準備事項	留意点
①保護者向けの案内文	案内文に何を記載するか 保護者からの質問を事前に募集するのか
②全体のタイムテーブル	開始時刻・終了時刻をいつにするのか 会場設営・受付・会場誘導・マイク係は誰が担当するのか 協力してくれる職員について時間外手当は支払えるのか
③受付マニュアル	児童・保護者リストの準備 第三者や報道機関が受付に来た場合の対応フロー
④説明者および司会のシナリオ（台本）	事故内容をどこまで報告するか 今後の施設運営についてどう説明するか 配布資料を用意するか 職員に対する説明と矛盾齟齬はないか イレギュラーな事態が起きた場合にどう対応するか
⑤質疑応答のルール	マイクを持って話すよう事前にアナウンスする 質問が終わったらマイク係がマイクを回収する
⑥想定問答集	想定質問のカテゴリを考える 回答のポイントやNG表現などを考える
⑦服装のルール	壇上に上がる職員をスーツとするのか その他の職員の服装は普段のままでよいか
⑧備品リスト	会場，受付，その他でどのような備品が必要か
⑨模擬練習の実施	話し方や抑揚のつけ方，声の大きさは問題ないか シナリオ（台本）で読みにくい部分はないか
⑩被害家族への事前連絡	当日話す内容を事前に伝えておく 説明会の趣旨を説明し，孤立させないようにする
⑪欠席者へのフォロー	説明会実施後に説明書面を配布するか

（南川）

11　関係各所対応①　在園児の保護者への対応 ～保護者説明会（準備）～

保護者説明会の開催を考えていますが，初めてなので何をどのように準備すればよいかわかりません。

Q　保護者説明会にあたって，どのような準備をすればよいでしょうか？

①　準備その1　保護者向けの案内文の作成

　保護者説明会を開催する場合，保護者向けに事前に案内文を配布すべきです。重大事故が生じた場合，下記のタイムテーブルの作成などと同時並行で構いませんので，場所と時間が決まり次第，案内文を作成し速やかに保護者へ送付しましょう。会場や時間の関係で一定の制限（人数制限，児童の出席不可など）をせざるを得ない場合，その旨も早期にアナウンスをすることが保護者のハレーション防止につながります。

②　準備その2　全体タイムテーブルの作成

　保護者説明会の予定をタイムテーブルの形で作成しましょう。そうすることで，何時から何時まで保護者説明会を開催するのか，何時に受付を開始するのか，当日の会場設営は何時から始めるのかといった「時間」が決まるとともに，どこを使うのかといった「場所」も決まります。また，それぞれの時間と場所に対応する「人の配置」も俯瞰することが可能になります。

　タイムテーブルを作成する場合は，「時間」と「場所」を両軸として，そこに職員を配置していく方法でタイムテーブルを作成する方法がお勧めです。

③　準備その3　受付マニュアルの作成

　児童や保護者のリストを準備しておいて，受付では名前を確認してチェックするようにしましょう。可能であれば，保護者の顔を把握している現場の職員

を受付に配置できるとチェックがスムーズになります。

　また，報道機関などの第三者が保護者を装って参加する可能性がありますので，その場合の対応フローも定めておくべきです。

　作成にあたっては，以下の対応例も参考にして適宜アレンジしてください。

---

①　保護者でないことがわかった時点で，名刺をもらう

②　保護者対象の説明会である旨を説明し，帰ってもらう

③　再三の説得に応じない場合は，不退去罪にあたり警察に通報する旨も伝える

---

④　準備その4　説明者および司会のシナリオ（台本）の作成

　保護者説明会では，保護者への説明をする責任者（多くの場合は園長ないし理事長）だけでなく，司会も必要となります。イレギュラーな事態が想定される中，時間や進行の管理を行うためには説明者と司会は分担すべきだからです。

　そのため，説明者と司会の双方のシナリオが必須となります。

　説明者用のシナリオについては，どのような流れで説明をするのかという大まかな構成だけでなく，心構え（2-6「事故直後の初動対応③　被害家族への報告」に記載の報告の基本三原則）や，各説明項目における具体的な発言内容と注意点を記載することが望ましいです。また，保護者に資料を配布するかどうかも検討すべきですが，その際は口頭での説明内容と矛盾がないかどうか，そもそも配布すること自体が望ましいか等の点について慎重な考慮が必要です。

　司会用のシナリオについては，スケジュールに合わせた全体的な進行の流れの他，イレギュラーな事態が起きた場合の具体的な対応方法（例えば，説明者の発言中に重ねて発言しようとする保護者を注意する場合や，質疑応答で長時間質問をしてマイクを渡そうとしない保護者を注意する時など）を記載することが望ましいです。

⑤　準備その5　質疑応答のルールの策定

　保護者説明会で混乱が起きる一番の理由は，「参加者の統率がとれず，度が

過ぎたクレーマーとなってしまった保護者の暴言などを止められない」ことにあります。冒頭に質疑応答の流れを説明するとともに，不規則発言を注意する旨アナウンスすることで，保護者説明会に「ルールを守ろう」という空気感が生まれます。その結果，一部の保護者の度が過ぎたクレームや暴言があっても，それは「ルール違反」であるとして注意することが可能になり，混乱を最小限に抑えることができます。

　具体的な質疑応答のルール例は以下のとおりです。

---

① 　質疑応答の時間を確保している旨を冒頭にアナウンスする

② 　質問がある人は挙手をして，司会に指名された人が発言する

③ 　指名された人にマイクを渡すので，マイクを持ってから発言する

④ 　発言が終わったら，係の人にマイクを渡す（すぐにマイクを回収する）

---

⑥　準備その6　想定問答集の作成

　質疑応答のルールとあわせて，想定問答集も作成しましょう。これは，保護者から想定される質問とその答えを事前に一覧にするものです。受付や会場運営がしっかりできていても，保護者からの質問に毅然と対応できないと保護者の不安感は払拭できません。

　想定問答集を作成する上でのポイントは，以下のとおりです。

【質問の分類から考える】

　まずは，具体的な質問の前に，どういった分類の質問がされるかを考えてみましょう。これにより，より具体的な質問を考えやすくなります。

　重大事故の場合は，「事故当時の状況に関する質問」「事故原因に関する質問」「事故を踏まえた園の運営体制に関する質問」「再発防止策に関する質問」などの分類が考えられます。

【回答案はポイントを列挙する】

　想定問答集は作成すべきではあるのですが，保護者から想定された質問どおりの質問がされるとは限りません。そのため，想定問答集の回答を一言一句暗

記して回答しようとすると，保護者からの実際の質問とズレが生じるリスクがあります。また，暗記した言葉をそのまま話しても気持ちがこもらず，結果として保護者に安心感を与えられない可能性もあります。

　想定問答集の回答は，文章ではなくポイントを箇条書きする程度で記載することをお勧めします。

⑦　**準備その7　服装のルールの策定**

　保護者説明会当日の職員の服装も軽視できません。アメリカの心理学者アルバート・メラビアン氏が発表した研究結果によれば，コミュニケーションの話し手が聞き手に与える影響に関して，見た目や身振り手振りなどの視覚から得られる情報が55％と最も大きいとされています。もちろん話す内容は重要ですが，それと同じくらいに見た目にも気を配る必要があるということです。

　特に，壇上にあがる司会者や職員の服装については，スーツで統一するのかといった点を事前に検討しておきましょう。

⑧　**準備その8　備品リストの作成**

　これまで述べた準備事項を踏まえて，マイク，机，椅子などの備品リストを作成しましょう。可能であれば，どの場所（会場，受付，その他）で必要か，何個必要か，誰が準備するのかなども併せて記載しましょう。

⑨　**準備その9　模擬練習の実施**

　準備事項（特にシナリオ）ができたら，必ず模擬練習を実施しましょう。質疑応答の練習もできればベストですが，難しければシナリオの読み合わせだけでもOKです。

　上述のメラビアン氏の研究結果では，視覚から得られる視覚情報が55％の他，聴覚から得られる聴覚情報が38％を占める（残り7％が言葉や文字それ自体の言語情報）とされています。話し方，抑揚のつけ方，声の大きさ等が聴覚情報を構成しますので，模擬練習ではこれらの点に注意を向けてみてください。

　また，いざ声に出してシナリオを読んでみると，読みにくかったり，意味が伝わりにくかったりする部分がありますので，それらの部分のチェックも兼ねて練習してください。

⑩　準備その10　被害家族への事前連絡

　保護者説明会の準備と同じくらい重要なのは，被害児童の家族（被害家族）への事前連絡です。重大事故が起きた後，つい各方面への対応に注力しすぎて，被害家族への連絡報告が疎かになりがちです。万が一にも，被害家族に無断で保護者説明会を実施すると，被害家族からすれば「こちらに何の断りもなく勝手に実施した」と思われ，ハレーションを招きかねません。

　準備がすべて完了していないタイミングでも構いませんので，どのような内容を説明する予定なのかを事前に報告しておきましょう。場合によっては説明内容についてなんらかの要請がある（名前や被害状況を出さないでほしいetc.）可能性がありますので，要請があった場合には，応じるか否かを誠実に検討しましょう。

⑪　準備その11　欠席者へのフォロー

　保護者説明会に参加しなかった人に対して，フォローをすべきかどうかも検討すべきです。方法としては書面の配布や掲示が一般的ですが，その際には，万が一外部に出ても問題ない範囲での記載にとどめておくことが望ましいです（事故の具体的内容や経緯は記載せず，書面には「事故の経緯について説明させていただきました」程度にとどめるetc.）。

　また，問合せ窓口をアナウンスしておくことも保護者に安心感を与えますので，フォローを実施する際には必ず明記しておきましょう。「保護者説明会をご欠席された方で，個別にご質問がある方は，職員室にご相談ください」程度でOKです。

　以上が保護者説明会の実施に向けて検討すべき準備事項です。本書最終ページの二次元コードにアクセスいただくと，「保護者向け案内文」「全体タイムテーブル」「シナリオ」，そして「想定問答集」の書式（記載例付き）データが入手できます。保護者説明会用の資料として適宜アレンジしてご利用ください。

（南川）

12　関係各所対応①　在園児の保護者への対応
〜保護者説明会（当日の運営）〜

園内の事故に関する保護者説明会の実施に向け，準備も入念にしましたが，なにせ初めての経験で緊張します……

Q　保護者説明会を混乱させないためには，どうすればよいですか？

　これまでの説明と矛盾するように思われるかもしれませんが，重大事故に関する保護者説明会は，どれだけ準備を徹底しても混乱は避けられません。

　重大事故が起きたとしても，保護者の大多数は園の日々の保育に対して感謝しており，園を応援する気持ちを持っています。しかしながら，それと同時に，保護者の多くは，発生した重大事故に対して不安を抱いており，そのような中で，ごく一部の保護者が園を糾弾すると，会場に不安な気持ちは広がり，混乱が起こります。

　ここで重要なのは，「混乱を起こさない」という意識ではなく，「混乱はどうしても避けられないが，それを最小限にしよう」という気持ちで臨むことです。保護者説明会は，園側の“胆力（動じない力）”が試されます。例えば，保護者説明会の録音・録画については，もちろん事前アナウンスで禁止するよう呼びかけるべきですが，それでも秘密裡に録音・録画がされる可能性はあります。そうであれば，「万が一外に出ても後ろ指を指されないように，しっかり謝罪して堂々と立ち振る舞おう」と考えるほうが，園にとっては間違いなくプラスです。

Q　保護者説明会には，どのような態度で臨めばよいですか？

　保護者説明会では，保護者に対して不安や心配を与えていることへの謝罪の他，調査状況や調査方法，事実経緯や再発防止に向けた取組みについて，説明

と質疑応答がされます。この時，園として保護者の気持ちに寄り添うため，謝罪の気持ちを表に出すことは問題ありません。しかしながら，必要以上に卑屈になる必要はありません。例えば，園として誠心誠意謝罪をし，その時点で判明している事実を丁寧に説明しているにもかかわらず，一部の保護者が，不必要な誹謗中傷などにより説明を遮るようなことがあれば，毅然とした態度で戒めるべきです。

　「重大事故が起きたことについて誠心誠意謝罪すること」と「保護者説明会での保護者の不適切な振る舞いに対して毅然と注意すること」は切り分けて対応する必要があります。そうすることで，参加していた保護者や職員に安心感を与えることができます。

　安易に約束をしないことも重要です。事故を起こしたことに対する申し訳なさから多数の人の前で実現困難な約束をしてしまうと，園として事後的に撤回することが難しくなり，保護者や職員に不安感が広がります。もし保護者から，その場での回答に困るような要請が出た場合には，「持ち帰り検討します」と答えて，後ほど当該保護者に直接説明するか，（他の保護者にも説明の必要があると考える場合は）書面を交付するといった対応を検討しましょう。

Q　職員への対応として気をつけることはありますか？

　たいていの場合，保護者説明会は保育終了後か保育が実施されない休日に実施されます。その場合，準備に協力する職員のほとんどはイレギュラーな時間外勤務（または休日勤務）となり，割増賃金が発生することになります。時間外勤務をした職員に対する割増賃金は，必ず支払うようにしましょう。

　また，保護者説明会には，多くの職員が出席しています。その際，保護者に対する気持ちを優先しすぎるあまり，特定の職員を批判したり，ないがしろにするような態度をとったりすれば，職員側からの不満が表出しかねません。

　加えて，保護者説明会で説明をすることは，事前に職員にも説明をし，矛盾や齟齬がないように，かつ，公平性を持って説明するように注意しましょう。

（南川）

13　関係各所対応②　警察への対応

> 警察から電話があり，捜査のために園に来ることになり，職員たちが混乱しています。どのように対応したらよいでしょうか？

Q　警察は何をしに来るのでしょうか？

　警察は，重大事故が犯罪（刑法等）に該当するかどうかを捜査しにやって来ます。

　園で重大事故が発生した場合，多くの場合，検討されるのは，業務上過失致死傷罪（刑法211条前段）です。業務上過失致死傷罪とは，業務上必要な注意を怠り，よって人を死傷させる犯罪で，法定刑は5年以下の懲役もしくは禁錮または100万円以下の罰金という重大な犯罪です。

　この犯罪の捜査の対象となるのは，直接の行為者である職員の他，管理者である園長，主任，主幹などです。警察は，職員の聞き取りをしたり，防犯カメラ映像や資料などの客観的証拠を押収したりすることにより，事故当時の状況を把握します。その上で，誰がどのような注意を払うべきだったのか，誰が払うべき注意を払わなかったのかなどを認定します。

　なお，捜査の結果，犯罪は成立しないと判断される場合もありますので，警察が来たからといって，必ず逮捕されたり，刑事裁判にかけられたりするわけではありません。過度におそれることなく，真摯に対応しましょう。

Q　警察対応の注意点は？

　警察対応の鉄則は，誠実に対応することです。

　捜査を受ける側としては，警察への警戒心から，不利な事情を隠したり，自己に有利になるよう嘘をついたりしてしまうことがあるかもしれません。

　しかしながら，不利な事情を隠したり嘘をついたりすると，それ自体犯罪行為となる可能性もありますし，それが後で発覚した場合，警察の疑いはより強くなります。そのため，警察から聞かれたことは素直に答え，要求された資料についてはすぐに準備しましょう。これが，警察への誠実な対応です。

　もっとも，警察署に呼び出された場合には，より強い嫌疑をかけられている可能性が高いので，警察からの質問への回答も慎重に検討する必要があり，弁護士への相談は必須になります。

Q　警察から連絡があった際に，気をつけることはありますか？

　児童の在園時間に大人数の警察官が園にやって来ると，園の雰囲気が悪くなり，ひいては園運営に悪影響が生じる可能性があります。

　そこで，警察から事前に連絡があった場合には，警察の訪問時間を，児童がいない時間や場合によっては事故に関係のない職員がいない時間に調整してくれるよう打診しましょう。あくまで，捜査に全面的に協力をする姿勢は見せる必要がありますが，配慮を求めることはなんらおかしなことではありません。あくまで打診ですので，警察からは断られるかもしれません。例えば，すぐに捜査を開始しないといけない状況である，あるいは児童がいる時間でなければできない捜査がある場合もあるので，その場合は，捜査に協力することもやむを得ないかもしれません。しかしながら，園における影響を丁寧に説明することで，警察としても一定の配慮をすることも十分あり得ますので，一度打診をするようにしましょう。

Q　警察が非常に高圧的な態度で怖いです。なんとかなりませんか？

　警察は捜査上の必要性の観点から，捜査対象者に対して厳しい態度で臨むことはよくあります。

　しかしながら，特定の職員や園を犯罪者だと決めつけたり，児童の前で大声を出したりするような態度をとる場合には，抗議すべきです。

（米澤）

14　関係各所対応③　行政への対応〜報告〜

> 重大事故が発生した場合，行政にはいつ，どのような報告をすればよいのでしょうか？

Q　まだ状況がわからない段階で，行政への報告はいつすればよいでしょうか？

「特定教育・保育施設及び特定地域型保育事業並びに特定子ども・子育て支援施設等の運営に関する基準」（平成26年内閣府令39号）32条2項では，教育，保育の提供により事故が発生した場合は，速やかに市町村に通報しなければならないとされています。このように法令上，重大事故には通報義務が規定されていますので，重大事故が発生した場合は，速やかに市町村に通報しましょう。

　また，重大事故が発生した場合，2-15で解説する監査という手続に移行することがありますが，行政へ速やかな，かつ，適切な報告により，監査対応の負担が減る可能性があります。重大事故が発生した場合の監査は，「園になんらかの問題があった」という憶測を持って進められることがあります。監査を担当する職員も1人の人間ですので，「この園は問題があるのだ」と思って監査を実施すると，本来の園の状況よりも悪い印象を持ってしまうことは否定できません。逆に，「よい園だ」という印象を持って監査を実施すると，追及の手が和らぐこともあります。そのため，監査の実施前に，園に不利益な事実も含めてきちんと行政に報告をしていれば，少なくとも「隠蔽体質ではない」という印象を与えることができ，場合によっては「きちんとしている園なのではないか」という印象も与えることができるかもしれません。この意味でも，行政への早期の報告は非常に重要です。

　また，監査は事前連絡なく実施されることもあり，突然行政職員が園にやっ

て来れば，園内の混乱は避けられません。行政に対して重大事故の発生を直後に報告することで，監査の日程を調整できる場合もあります。

　もっとも，行政に報告をした時点で，行政がすでに重大事故の発生を把握しているケースもあります。そのような場合でも，行政から園に連絡がある前に行政に報告をすることによってできるだけ早く行政に報告をすることが効果的です。

Q　行政にはどのように報告すべきでしょうか？

　事故発生直後は，事故の経緯や原因を十分に把握できていないこともあります。

　しかしながら，事故が発生した場合は，速やかに市町村に報告する必要があります。そのため，事故が発生し，児童の救護措置や保護者への連絡が終了すれば，その時点で把握している事情のみでよいので，行政に報告しましょう。報告をすべき部署がわからない場合は，普段連絡をとっている部署に確認しましょう。まだ正確に把握できていない事情については，まだ正確に把握できていないことを伝えた上で，「調査をして，全容が判明でき次第，すぐに報告をします」と報告すれば問題ありません。すべての事情が判明するのを待っていれば，速やかに報告しなかったと指摘を受ける可能性があります。まずは速やかに第一報，そして事情が判明する都度報告する，という姿勢を徹底するようにしてください。その際，行政から質問を受けた内容についてはわかる範囲で正直に説明しましょう。

　また，行政への報告の際には，把握している事情のうち，園に不利な事情があっても決して隠さず，あるがままの状況を伝えることが重要です。万が一，不利な事実を隠したり，虚偽の報告をしたりしてしまい，それが後日判明した場合，「重大事故が発生した園」ではなく，「重大事故が発生し，なおかつ事実を隠蔽しようとした園」となり，マスコミをはじめとした世間からの激しい追及は免れません。最悪の場合には，園運営ができなくなってしまう可能性さえあります。自分に不利な事情を隠してしまうというのは人間の性ではあると思いますが，「逃げない」「偽らない」「隠さない」と明確に意識して行政に報告をするようにしましょう。

（米澤）

15　関係各所対応③　行政への対応〜監査〜

> 重大事故が発生した場合，監査が入ると聞いたことがあるのですが，どのような準備をしておけばよいでしょうか？

Q　監査とは何でしょうか？

　監査とは，園の設備・運営基準等の実施状況が，関係法令等に照らし適正に実施されているかどうかを定期的または臨時の実地調査等により確認し，その結果に基づき，必要な助言，指導等の措置を講ずることにより，過誤・不正の防止を図るために実施する手続です。

　監査には，定期的かつ計画的に一般的な指導監査項目の確認を行う「一般監査」と，問題を有する可能性がある園に対して臨時に実施される「特別監査」があります。

　重大事故が発生した場合に実施される監査は，「特別監査」です。監査の根拠となる法律は，子ども・子育て支援法，認定こども園法，児童福祉法などがあり，それぞれ監査指針等が公表されています。例えば，「児童福祉行政指導監査の実施について」（平成12年4月25日児発471号）によれば，「死亡事故等の重大事故（死亡事故，意識不明となる事態等の重大な事故をいう。以下同じ。）が発生した場合又は児童の生命・心身・財産に重大な被害が生じるおそれが認められる場合（こうしたおそれにつき通報・苦情・相談等により把握した場合や重大事故が発生する可能性が高いと判断した場合等も含む。以下同じ。）」特別監査を実施することとされています。重大事故が発生した場合には，基本的には，特別監査が実施されると心づもりをしておきましょう。

　特別監査では，行政職員が園にやって来ます。都道府県の職員と市町村の職員が同時に来ることもあり，人数としては10数人になることもあります。実施

される具体的な調査の内容としては，職員への聞き取り，園の資料や防犯カメラ映像等の客観的な資料・証拠の確認，児童への聞き取りをすることにより事故状況を正確に把握し，記録することです。

　事故が起こった場所で，事故時の状況の再現を行うこともあります。事故の当事者となった職員がいる場合，多数の行政職員に囲まれた中で，突然事故状況の再現を求められることもあり，このような状況では，職員の精神的な不安は極めて大きくなります。そのため，遅くとも監査が入るとわかった時点で，監査にあたって，事故状況の再現を求められる可能性があること，その際には多数の行政職員に囲まれるような状況もあり得ることについて，園内で共有しておきましょう。

Q　監査は何のために行うのですか？

　監査の一時的な目的は，原因究明などの事実関係の把握と再発防止策の実施状況などですが，制度上，勧告，命令，事業停止命令，確認の取消し，全部または一部の効力の停止などの行政指導，行政処分が用意されています。そのため，監査の実施により園の運営状況に問題があることが発覚すれば，このような制裁が課せられることがあります。

　この点で，監査は，事実関係の把握と再発防止のみを目的とする検証委員会とは異なる手続です。

Q　監査が入ることになったのですが，どのような準備をすればよいでしょうか？

　監査が入ると連絡があった場合，最初に行うべきは，日程や時間帯を調整することです。

　行政職員は，園側の事情を考慮せずに監査の日程，時間帯を決定することがあります。行事や人員の配置の関係から，園にとって都合の悪い日時に設定されてしまうかもしれません。そのため，午睡中や児童が帰った後など，児童に影響がなく，職員の手が空いている時間帯に実施してもらうよう交渉しましょう。また，園側としては，保育時間中に監査が入ることはなるべく避ける必要

があります。弁護士に立会いを依頼する場合は，弁護士の日程も確認する必要があります。特別監査は，本来は，行政側が日時を決定するものですが，園としても万全の体制で監査に応じることができるよう，不都合のある日程を提示された場合には，その理由を説明して変更を求めましょう。

　さらに，日程の調整をする場合には，行政の職員が何名来るのかについても確認しましょう。特別監査という慣れない手続である以上，事前に把握できる事情は把握しておくべきですし，人数を把握することによって大まかなイメージを持つことができるからです。その上で，職員に対し，監査が入ること，その日時，人数等の把握している情報を正確に伝えましょう。情報を伝えることにより，対応する職員の緊張感を，少しでも和らげることが可能です。

　また，スケジュール的に可能であれば，園で独自の事故検証報告書を作成し，行政に提出しておくことをお勧めします。事前に事故検証報告書を作成していれば，それに基づいて監査が実施されることが多く，さらに，一度事故検証報告書を作成しておくことで，行政職員から受けるヒアリングの内容や現場検証のイメージなどを事前に掴むことができ，これにより，安心して監査対応が可能になります。

　この事故検証報告書については，形式面，内容面が非常に重要であり，中途半端な事故検証報告書を作成してしまっては，かえって園の評価が下がり，行政の目が厳しくなる可能性があります。本書の2-23以降を参考に作成してみてください。

Q　監査の当日はどのようなことに気をつければよいですか？

　監査当日は，誠実かつ丁寧に対応することを心がけましょう。行政職員から聞かれたことについては，正直に記憶のまま回答してください。

　もちろん，質問の趣旨がわからなければ確認をしても大丈夫ですし，自身が認識していないことは「わからない」と答えて問題ありません。仮に，答えた内容が間違っていると気づけば，訂正を申し出れば問題ありません。

　また，行政職員に開示を求められた資料がない場合については，なぜないの

か，どこにあるのかを説明すれば問題ありません。

　「質問に回答をする」ということは日常的なコミュニケーションです。監査といえども，あくまでそのようなコミュニケーションの延長です。決して難しく考えすぎないようにしてください。

Q　職員への聞き取りはどのように行われますか？

　多くの監査では，行政職員が複数のチーム（1チーム2人体制が一般的です）を組んで，同時並行で園職員の聞き取りを進めます。行政職員が事前に準備してきた質問事項に従って質問をし，園職員が回答した内容をメモ等に記載します。その後，行政職員が，園職員に対して園職員が回答した内容をまとめた書面を提示し，間違いがなければ署名するように求められることが一般的です。

　ここで重要なのが，実際に回答した内容と回答内容をまとめた書類の内容が一致しているかを確実に確認することです。日本語は難しく，少し表現が変わるだけで大きくニュアンスが変わってしまうことがあります。実際には，聞き取りをしたその場で，行政職員が手書きで書類を作成することが多く，回答内容と一致しない内容が記載されることもあります。

　一度署名をしてしまうと，その内容を撤回することが非常に難しくなってしまいます。

　慣れない監査の中で，行政職員に対して「ここは違います」と説明をするのは勇気がいることかもしれませんが，その一言によって，その後の調査に大きな影響を与える場合もあります。少しでもニュアンスが異なると感じた場合には，その旨はっきりと申し出てください。

（米澤）

16　関係各所対応③　検証委員会への対応 ～検証委員会って何？～

> 園内で児童が午睡中に死亡する事故が発生しました。
> その後，自治体から「検証委員会を開催します」という連絡があったのですが，検証委員会とは何でしょうか？
> 園はどのように対応すればよいのですか？

Q　検証委員会って何ですか？　指導監査とは異なるのですか？

　園内で死亡事故等の重大事故が発生した場合，行政から検証委員会による検証を実施する旨の通知が届くことがあります。

　検証委員会とは，園内で発生した重大事故の検証にあたり，「教育・保育施設等における重大事故の再発防止のための事後的な検証について」（平成28年3月31日付け府子本第191号等内閣府子ども・子育て本部参事官（子ども・子育て支援担当）等通知）に基づき，学識経験者，教育・保育関係者，医師，弁護士，管理栄養士等により構成される会議体のことをいいます。検証委員会は，事実関係の把握や発生原因の分析等を行うことにより，必要な再発防止策を検討することを検証の目的とするものであり，地方自治法138条の4第3項に基づき，条例で設置される機関です。

　園の関係者の皆様からは，「検証委員会って，指導監査のことですか？」と質問を受けることがあります。結論から申し上げますと，検証委員会と指導監査は異なります。最も大きな違いは，実施の目的です。

　2-15で解説したとおり，指導監査は，子ども・子育て支援法や認定こども園法等を根拠に，教育・保育等の質の確保等を目指して実施されるものです。

監査の結果，園に対して勧告，命令，認定・確認の取消し等の行政上の措置が講じられる場合があり，事故の原因究明や再発防止策の検討を目的とした検証委員会とは大きく異なります。

また，スピード感も大きく異なります。

検証委員会は，専門家集団が集まって事故原因と再発防止策の検討をじっくり時間をかけて行います。長い時には１年以上かかるケースもあります。これに対して，指導監査は，行政の担当部署の職員が迅速に行います。１回限りで終わることもありますし，検証委員会のように何回も実施されることは予定されていません。

Q　検証委員会が実施する検証の流れ・進行プロセスは？

検証委員会は，概ね全６回から10回程度，約１カ月～２カ月に１回の頻度で開催されます。検証委員会の設置から最終報告書の取りまとめまで，およそ１年から１年半程度の期間を要することが多いです。

こども家庭庁のホームページで地方自治体による検証報告書の一覧を閲覧することができますので，検証委員会で実際にどのような検証がされているかを知りたい方は，ご覧ください（こども家庭庁「教育・保育施設等における重大事故の再発防止のための事後的な検証について」https://www.cfa.go.jp/policies/child-safety/effort/kensho）。

以下では，「教育・保育施設等における重大事故の再発防止のための事後的な検証について」（平成28年３月31日付け府子本第191号等内閣府子ども・子育て本部参事官（子ども・子育て支援担当）等通知）を参考に，検証委員会の全体の流れを図式化しました。

検証委員会がどのような流れで進んでいくのかを理解するために，お役立てください。

【検証委員会が実施する検証の進め方のイメージ】

事前準備
- 関係者から事例に関する情報収集
- 事例の概要資料の作成
- 現行の教育・保育施設等の職員体制等
- 検証に必要な関係資料作成

会議初回
- 検証の目的の確認
- 検証の方法，スケジュールの確認

> ※会議初回の冒頭部分だけ報道機関が撮影に入り，その場面が報道で流れる場合があります。会議の内容は非公開とされることが多いので，会議内容が報道で流れることはありません。

- 事例の内容把握

会議開催
- 第2回目以降，複数回会議を開催
- 各会議は1カ月に1回か2カ月に1回程度の頻度で開催
- 現地確認や市担当部署のヒアリング
- 被害家族からのヒアリング
- 園関係者からのヒアリング
- 市町村に存する保育施設に対するアンケート調査
- 報告書の素案作成，再発防止策の検討等

会議最終回
- 報告書の取りまとめ

報告書の公表
- 報告書の公表（市町村のホームページ等へ掲載）
- 国への報告書の提出等

半年から1年程度の期間を要することが多い

（畑山）

17 関係各所対応③ 検証委員会への対応
～園側へのヒアリング（呼び出し編）～

園内で児童が午睡中に死亡する事故が発生し，検証委員会が設置されました。検証委員会から「園の職員のヒアリングを実施したいので，市役所に来てください」と呼び出しがありました。
職員が不安に感じています。当日はどのようなことをするのでしょうか？

Q　検証委員会は園側をどのようにヒアリングするのでしょうか？

　検証委員会が実施する検証の進め方のイメージについては，2-16「関係各所対応③　検証委員会への対応～検証委員会って何？～」）をご覧ください。

　検証委員会では，事故の原因分析を行うため，必ず，園の職員のヒアリング調査が実施されます。これらのヒアリングは，通常は，検証委員会の事務局が設置される役所の一室で行われます。園関係者の呼び出しの場合は，理事長，園長，主任，被害園児の担任保育士等が呼び出されます。

　また，検証委員会を構成するメンバーは，それぞれ，ご自身の職業に従事していることが通常です。このことから，検証委員会の開催時刻は必然的に終業時間後である夜になることが多いです。

　検証委員会は，緊迫した空気の下で進行していきます。ヒアリングに協力する園関係者は，そのような緊張感漂う会議の場で，検証委員会のメンバーから様々な質問をされることになります。精神的負担は非常に大きくなります。

Q　職員の緊張をほぐすために事前にしておいたほうがよいことはありますか？

　職員のメンタルケアの観点から，園側は検証委員会で実施されるヒアリング

の内容を事前になるべく具体的に説明し，職員が情景を具体的にイメージできるようにしておくことが望ましいです。この時，園側の立場で検証委員会対応のサポートをした経験のある弁護士から説明を受けることが望ましいでしょう。弁護士法人かなめが関与するケースでは，我々が先んじて事故検証報告書を作成し，検証委員会に提出するようにしています。つまり，検証委員会が実施するであろう調査を先回りして実施しておくのです。

　検証委員会は，事故後に設置されますが，実際に園側の調査を実施するまでは事故から随分月日が経過していることが多いです。検証委員の方々は，普段，ご自身の専門とする職業に従事していますから，そもそも頻繁に集まって会議することはできません。必然的に検証委員会の進行には時間がかかります。結果として，園側へのヒアリング調査は事故から数カ月経過していることが多いです。ですから，弁護士法人かなめでは，重大事故が発生した園から相談を受け，サポート契約させていただいた後，検証委員会の創設を待たずして，なるべく速やかに現地に赴き，事故当時の状況の再現を行い，関わった職員の方から詳細にヒアリングを実施し，事故検証報告書を作成します。作成した事故検証報告書を市や県に先んじて提出し，いずれ創設されることになる検証委員会にも提出するようにしています。

　事故からなるべく早い段階で上記の事故検証報告書を作成しておくことで，事実関係の正確性を期すことができますし，職員の方々にとっては，自身の記憶喚起のための資料にもなります。そして，実際に検証委員会による園の職員へのヒアリングを実施したいとの呼び出しがあった際も，職員の方々に対し，「以前，事故検証報告書を作成させていただいた際に，我々から皆様にご質問させていただいた内容と同じようなことが検証委員の方々からも聞かれるイメージですよ。改めて事故検証報告書を一緒に確認して，受け答えの練習もしておきましょう」と説明し，緊張をほぐすことができます。

　事故後，職員は様々な対応に追われ，精神的に大きな負担を抱えていますので，園の運営者側はなるべく専門家の力を借りて，職員の負担軽減に努めましょう。

　事故検証報告書の作成は，園が自力で行うことはなかなか難しいと思いますので，事故対応サポートに精通した弁護士にあらかじめ相談し，サポートしてもらうことをお勧めします。

（畑山）

18　関係各所対応③　検証委員会への対応
〜園側へのヒアリング（現場検証編）〜

> 園内で児童が食事中に食べ物を喉に詰まらせて死亡する誤嚥事故が発生し，検証委員会が設置されました。
> 事故から半年ほど経過してから，検証委員会から「園内で検証を実施したい」と連絡がありました。
> 職員が不安に感じています。当日はどのようなことをするのでしょうか？

Q　検証委員会が実施する「現場検証」のイメージは？

　検証委員会では，事故の原因分析を行うため，園の職員のヒアリング調査を行うとともに，委員の方が事故現場にやって来て事故状況の再現・検証を行います。園の職員へのヒアリングについては，2-17「関係各所対応③　検証委員会への対応〜園側へのヒアリング（呼び出し編）〜」で解説していますので，そちらを確認してください。

　さて，検証委員会が実施する現場検証のイメージです。

　まず，開催時刻です。開催時刻は，ヒアリングの際と同様に，検証委員会を構成するメンバーの予定を調整する必要がある他，現場検証という性質上，在園児との関係を考慮する必要があります。

　具体的には，誤嚥事故の場合，現場検証は実際に事故が発生したクラスで実施します。現場検証には，検証委員のメンバー5名〜6名に加えて，事務局を務める市の職員複数名が訪れます。総勢10名程度が現場にやってきますので，児童がいる時間帯で実施すると，当然のことながら保育に影響が出ますし，検証委員としても現場検証を満足に実施することができません。これらのことか

ら，検証委員会の構成メンバーの予定が調整でき，かつ，児童がいない夜の時間帯で実施されることが多いです。

　次に，現場検証の具体的内容です。

　現場検証では，事故状況の再現が求められます。園側の参加メンバーとして求められるのは，園長，主任をはじめ，当時，事故に関わった職員です。事故をきっかけに退職した職員がいる場合については，退職者まで呼ばれることはありません。誤嚥事故の場合，実際に提供していた食べ物を準備します。食材を準備するのは，園が行うこともあれば，市が行うこともあります。

　そして，児童にどのように食事を提供していたか，どの段階で異変を感じたのか，異変を感じた後，どのように救護措置を実施したのか，日頃から食材に関して保護者とどのようなやりとりをしていたのか，食材の提供に関し，職員間ではどのような情報共有がなされていたのか，等々，事故に関する経緯・背景事情について，検証委員の面々から質問を受けながら現場検証を行います。

Q　「現場検証」が開催される時期はいつですか？

　現場検証と聞くと，事故が発生してから速やかに実施されるという印象を抱かれると思います。しかしながら，実際は，事故発生から早くて約2カ月後，遅い場合は事故発生から約半年以上経過してから実施されます。

　警察は事故発生直後に消防署からの情報連携を受け，事故当日に現場にやって来ますが，検証委員会は，地方自治法138条の4第3項に基づいて，地方自治体が条例に基づいて設置するというプロセスを経て組成される組織であるため，組織が立ち上がるまでに時間を要するのです。必然的に，検証委員会が実施する現場検証は，事故から随分月日が経過してから実施されることになります。

Q　職員の緊張をほぐすために事前にしておいたほうがよいことはありますか？

　事故から数カ月以上経ってから実施されること，夜など，通常の保育時間と

は異なる時間帯に検証委員と行政職員が合計10名ほどの大人数で園にやって来ることを踏まえると，対応することになる職員の方々の精神的負担は非常に大きいです。したがって，しっかりと事前準備を行い，対応する職員の皆様の緊張をほぐすことが大切です。

　事前準備のポイントは3つです。

---

① 事故検証報告書をあらかじめ作成しておくこと

② 現場検証当日，現場に混乱が起きないように現場業務の調整を行うこと

③ 現場検証当日，園側の弁護士に立ち会ってもらうこと

　まず，①事故検証報告書をあらかじめ作成しておくことが大切です。

　これは，2-17「関係各所対応③　検証委員会への対応〜園側へのヒアリング（呼び出し編）〜」で解説したとおりですので，そちらをご覧ください。簡単に説明すると，弁護士のサポートを受けながら，事故後速やかに園側が主体的に事故検証報告書を作成し，職員がいつでも記憶喚起できるような状態にしておくことが肝要です。市や検証委員会にも事前に提出して共有しておくことで，現場検証もスムーズに進むことになります。

　実際，我々弁護士法人かなめが関与するケースでは，事前に事故検証報告書を作成し，市を通じて検証委員の方々にも提出します。現場検証当日，検証委員の方々は，我々が事前に提出した事故検証報告書を持参しており，それに基づいて検証を実施していました。対応する園側の職員としても，「事前に園側の弁護士さんがサポートしてくれたとおりに進んでいるな」と安心することができます。

　次に，②現場検証当日の業務調整です。

　現場検証は夜間帯に実施されることが多いのですが，夜間帯といっても必ず児童が不在であるとは限りません。例えば，延長保育の児童がいる可能性もありますし，学童が併設されている園の場合は，学童を利用している児童のお迎えが午後8時頃になることもあるでしょう。要は，現場検証の時間帯に，園や

その併設施設を利用する児童がいる可能性があり，その場合には，保護者のお迎えなどが重なる可能性があります。児童や保護者が混乱しないように，現場検証当日のサービス提供体制を入念にシミュレーションしておくことが望ましいです。

　最後に，③現場検証当日の園側の弁護士の立会いです。

　現場検証を経験したことのある園の職員は皆無だと思います。検証委員会は，責任追及を目的としたものではない，ということを頭では理解していても，職員の皆様の内心は，「どんなことを聞かれるのだろう」「報告書にはどんな風に書かれるのだろう」と不安でいっぱいです。そのため，現場検証当日に，園側の弁護士が立ち会うことができれば，このような不安が大きく軽減されることになります。

　具体的には，現場検証当日，検証委員会の委員や行政職員が現場を訪れる前に，園側の弁護士が職員の皆様と一緒に事前ミーティングを行い，事前に作成した事故検証報告書に基づき，当時の記憶を喚起し，現場検証の実施のイメージを共有しておきます。これにより，現場検証のシミュレーションができ，落ち着いて現場検証の時間を迎えることが可能となります。さらに，いざ現場検証が始まった後，園側の弁護士が，職員の皆様の説明に対して補足をしたり，代わりに説明をしたりすることもできますし，検証委員の方々から要望を聴取し，現場検証がスムーズに進むようにサポートをすることもできます。

　このように，園側の弁護士が現場検証に立ち会うことで，現場検証自体がスムーズに行われることにつながるのです。

　現場検証の事前準備としては，上記3点を意識するようにしてください。

（畑山）

コラム　検証委員会実録記〜園側のヒアリングの状況〜

　検証委員会では，必ず園側へのヒアリング調査を行います。事故の原因分析を行うためには，園側のヒアリングは必須だからです。

　このヒアリングは，事故が発生した現地（園内）で行われる場合と役所等に呼び出されて行われる場合の 2 種類があります。

　このコラムでは，実際に筆者が園側のサポートで関わった検証委員会対応の実録記，特に，役所に呼び出される場合の実例を詳しく解説します。緊張感漂う空間でのヒアリングの実施は，園職員にとって非常に大きな精神的負担です。このコラムを事前に読むことで，事前にイメージを掴みましょう。

　まず，開催時間です。

　検証委員会を構成する委員の方々も，普段はご自身のお仕事がありますので，ヒアリングは夜の時間帯に実施されることが多いです。筆者が園側で参加したケースでは，午後 6 時 30 分や午後 7 時の開始でした。園の職員の皆様にとっては仕事終わりの時間であり，体力的にもなかなか辛いと思います。

　次に，現場の雰囲気です。一例を示します。

　図にあるとおり，検証委員は計 6 名が向かい合って座っています。検証委員のメンバーは，医師，弁護士，栄養士，学者，別の園の保育士等で構成されています。会議室のサイドには，検証委員会の事務局を務める市の職員が 4 名並んで座り，県職員はオブザーバーとして 3 名参加していました。大人数ですね。

【検証委員会　イメージ図】

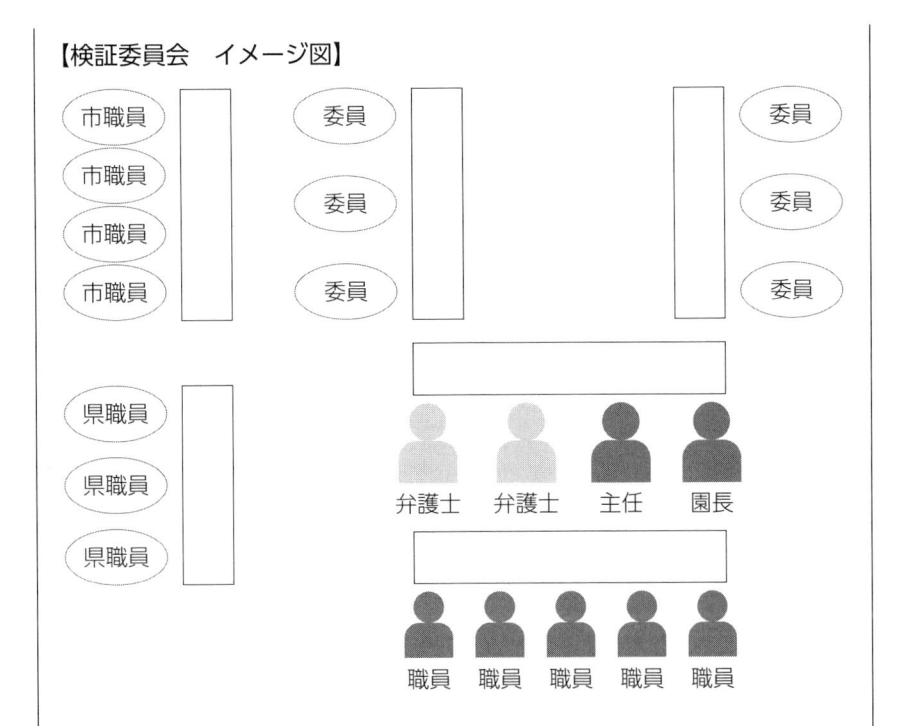

　園職員は，検証委員会の開始前は控室で待機します。控室では，園職員の皆様はとても緊張されているため，我々園側の弁護士は，なるべく緊張をほぐすように事前説明に力を入れます。

　「処罰を対象とするものではないですからね。」

　「あくまで事故に関するヒアリングですから，記憶に基づいて説明することでOKです。」

　「わからない場合は無理に答えなくても大丈夫ですよ。」

　「少しでも不安だったらなんでも我々に聞いてくださいね。」

などと説明し，少しでも緊張感を和らげるようにしていました。

　時間になったら会議室に呼び出されます。筆者が参加した回では，職員は1人ひとり呼ばれるのではなく，全員一斉に呼び出されました。おそらく1人ひとり呼び出すと，職員の精神的負担が大きすぎると判断したのでしょう。

　会議室では，図の配置で委員や行政職員が座っているわけですから，かなり緊迫した空気です。園職員の方々は，この空気を肌で感じ取ってさらに緊張します。

　会の冒頭では，検証対象の事故の概要説明を園側から行うことが求められました。ここは，園長が事故の概要を検証委員に説明します。といっても，検証委員はすでに様々な資料から事故の概要は把握していますので，いわばこの冒頭の説明は，園長から謝罪と被害児童・被害家族へのお悔やみの言葉を述べることが多く，事故の概要は事前に提出している資料に沿って簡単に説明する程度で終わります。

　その後，質疑応答に移ります。

　以下では，質疑応答の一例を示します。

Ａ委員：医師をしておりますＡと言います。誤嚥事故ということで児童が亡くなったわけですが，保護者との間では食事に関して，どのようなやりとりを事前に行っていたのでしょうか。

職　員：入園前の面談で，ご家庭ではどの程度離乳食が進んでいるか，細かく聞き取りを行い，その聞き取り内容を担任や栄養士で共有していました。

Ｂ委員：現場で保育士をしておりますＢです。保育日誌には「食事の際に眠たそうにしていることがある」というような記載が何度か見られるのですが，当日は，児童は食事の際，覚醒していましたか。

職　員：当日の食事の際，きちんと目が覚めており，覚醒状態には特に問題はありませんでした。

　緊張で声が震える園職員の方もいらっしゃいます。説明が辛そうな場合は，代わりに別の職員が説明をすることもあります。検証委員もそのあたりは柔軟に対応してください。

　大体1時間程度，質疑応答が続きます。検証委員の方々も「園職員の方々も傷ついているだろう」と配慮してくださっているのでしょう。とても丁寧に質問される印象を受けました。

　検証委員会でのヒアリングの様子については，なかなか事前に知ることはできず，対応する職員の方々にとっては不安と緊張の連続です。
　このコラムを読んで，少しでもイメージを掴んでいただけたら幸いです。

（畑山）

19   関係各所対応④   報道機関への対応〜全体像〜

> 報道機関から多数の問合せがあり，園から帰宅途中の職員や保護者にも取材されているようです。
> 問題を起こした以上，取材は応じるべきでしょうか？
> 問合せにはどのように対応すべきでしょうか？

Q   報道機関の取材には応じるべきでしょうか？

　まず前提として，報道機関の問合せや取材に応じる法的義務はありません。

　「他の園での再発防止や事実を知ってもらうためにも取材に応じるべきだ」という考え自体は否定しません。しかしながら，ひとたび園側が伝えたかった意図と異なる報道がされてしまうと，被害家族はもちろん，在園児の保護者や職員の不信感は強まり事後的な信頼回復が困難になりかねません。問合せや取材に応じる場合は，入念な準備が必要なのです。

　重大事故の発生から間もないタイミングでは，その準備ができていない場合がほとんどですので，基本的には取材に応じるべきではありません。

Q   不祥事・事故直後にコメントを求められた場合，どう答えるべきでしょうか？

　重大事故の直後にコメントを求められた場合，以下の対応に注意してください。

---

①　園として対応している旨は伝えつつも，詳細は述べない

②　被害家族への謝罪はOKだが，「園に非はない」といった発言はしない

---

　①は，仮に，事実調査が不十分な状態でのコメントが報道された後にそのコメントと矛盾する事実が発覚した場合，園として各方面から非難を浴び信頼回復が極めて困難となるためです。

　また，②については，そもそも園の法的責任は自身で判断できる事柄ではなく（2-5参照），責任逃れのようにとられてしまうリスクがあるためです。

　これらの点を踏まえ，直後のコメントとしては以下のようなものにとどめましょう。

> 被害に遭われた児童とそのご関係者には心よりお詫び申し上げます。
> 現在事実関係の調査中であり，詳細は申し上げられません。

Q　報道機関から問合せが相次ぐ場合，どう対応すべきでしょうか？

　重大事故の直後にコメントをした以降も取材や問合せが相次ぐと，職員や保護者にとってもストレスであり，園の運営そのものに支障が生じかねません。

　このような事態を防ぐため，本書では，以下の一連の対応をお勧めします。

> (1)　「園運営の支障になるため職員や保護者への突撃取材や近くでの待ち伏せは控えてほしい」と明確に伝える
> (2)　問合せ窓口を一本化する
> (3)　(1)や(2)の対応を守らない場合は，今後の情報提供を控える旨の注意喚起をする
> (4)　事実関係の調査が完了し次第，公表できる事実に限定した上でホームページに公表する

　(1)～(3)については，報道機関の問合せや取材に対して，こちらの希望を明確に伝えることが主な趣旨です。「悪いことをしたのはこちら（園）だから，報道機関に注文を出していいのか……」とお考えになる方も多いと思います。しかしながら，報道機関に適切にこちらの意図を汲んで報道してもらうには信頼

関係が必要不可欠です。信頼関係を構築するために，園から最低限の要望を伝えることはなんらおかしい行動ではありません。

(2)の問合せ窓口については，問合せ内容を記録に残す観点から，電話ではなくメール（園のアドレスか，顧問弁護士がいれば担当弁護士のアドレスへの連絡）が望ましいです。

直撃インタビューを受けた関係者も，窓口への問合せをお願いする回答をするよう，対応を徹底しましょう。

(4)については，報道機関だけでなく他の関係各所に対しても矛盾がない公表とすることが重要です。一度ホームページで公表すれば，その後の報道機関からの問合せに対しても「ホームページで公表したとおりです。」と回答することが可能になり，報道機関への対応による負担が相当程度軽減されます。また，客観的に「園で調査を行い，その結果を隠さずに誠実に公表している」という姿勢を示すことができますので，在園児の保護者や職員に対して安心感を与えることができます。

なお，ホームページに公表する内容が決まったら，被害家族に対して事前に公表内容を伝えておきましょう。「無断で事実を公表するな！」といったクレームを防ぎ，かつ，誰に対してよりも早く報告内容を開示することで，信頼関係を築くためです。

（南川）

20　関係各所対応④　報道機関への対応
　　　　　　　　　　～報道機関が取材に来る流れ～

> 児童が園外に出てしまい，一時期，児童が行方不明になる事故が発生しました。その事故が発生した当日，報道機関からの取材が相次ぎ対応に苦慮しています。なぜこんなにも早く取材が来るのでしょうか？
> どこから情報が伝わったのでしょうか？

Q　報道機関に情報が伝達されるルートはどのようになっているのでしょうか？

　園内で重大事故が生じた場合，早ければ事故当日に報道機関から園に対し取材の申入れがあります。園に直接電話をかけてくるだけでなく，突然，園に記者が押しかけてくるケースもあります。さらには，記者が事故とは無関係な保護者や職員に対して突撃取材を行い，園運営に支障をきたす事態も発生しています。

　報道機関からの取材対応方法については 2-19 で解説しているので，そちらをご覧ください。ここでは，どのような流れで事故の情報が報道機関に伝わるのかを解説します。

　なお，特定の保護者が自ら報道機関に情報提供を行い，それがきっかけで取材に発展することもあります。以下に解説する流れはあくまで一般的な流れであって，このルートがすべてではありません。

　まず，私立園の場合です。

---

① 園内で重大事故発生

> ②　園から市に対し，事故直後に事故報告を行う
> ③　市から庁舎内に設置されている市政記者クラブに事故情報が伝達
> ④　市政記者クラブに所属している各報道機関が取材活動を開始する

　上記のように，市から市政記者クラブへの情報伝達を経て，園に対する取材活動が開始されます。

　市政記者クラブとは，対象の自治体行政を取材する者により構成される取材・報道のための自主的な組織（任意団体）であって，多くの自治体では市役所の本庁などのスペースを無償で借り受けて存在しています。自治体側としては，行政側の説明責任を積極的に果たすために当該自治体の広報活動の一環として市政記者クラブに庁舎内の部屋を提供しています（例：大阪市の市政記者室使用規定　https://www.city.osaka.lg.jp/seisakukikakushitsu/page/0000201728.html）。

　園で重大事故が発生したとの報告を受けた自治体としては，他の園でも重大事故が発生することを未然に防止するためにも，情報を世間に広く伝達する必要性が高いと考え，市政記者クラブに対してプレスリリースを行います。園から自治体に事故の報告を行う際，「園運営に混乱が生じる可能性があるので，報道機関には情報を流さないでほしい」とお願いしたとしても，自治体が公益性の高い案件だと判断した事項については，園の了解を得ずに市政記者クラブにプレスリリースすることになります。

　なお，報道機関からの取材に対し，園が回答する法的義務はありません。2-19の解説を踏まえ，落ち着いて対応するようにしてください。園だけで対応が難しい場合は，速やかに報道機関対応に精通している弁護士に相談してください。

　次に，公立園の場合です。公立園は，いわば上司に該当する組織が自治体になりますので，私立園と異なり，自ら積極的に記者会見を開催することが多いです。

① 園内で重大事故発生

② 園から市（上司）に対し，事故直後に事故報告を行う

③ 市で情報を整理し，臨時記者会見の開催をする旨，市政記者クラブに伝達

④ 記者会見に前後して，市政記者クラブに所属している各報道機関が取材活動を開始する

　以上のように，公立園の場合は市が主導して記者会見を開くことを急ぐ傾向があります。

　私立園でも公立園でも，報道機関からの取材や報道が過熱するがあまり，報道機関対応に注力しすぎてしまい，肝心の被害家族への対応や在園児の保護者への対応，在職中の職員への対応等，事故対応において重視すべき関係各所への対応がおざなりなってしまうケースが後を絶ちません。

　ここに紹介したような流れを参考に，本書をとおして，事故対応の場面では何を優先して行うべきかを繰り返し学んでいただければと思います。

（畑山）

コラム　弁護士法人かなめの報道機関の取材・撮影等への対応法

　2-20「関係各所対応④　報道機関への対応～報道機関が取材に来る流れ～」では，重大事故発生時にどのようなフローで園に報道機関からの取材が来るのかを解説しました。

　重大事故発生直後に報道機関から園に電話や訪問取材が来たり，報道陣が園の外観を撮影したりすると，現場は物々しい空気になり，園運営に支障が出ます。園としては，できれば報道機関が園に殺到することを回避したいと考えることでしょう。

　本コラムでは，弁護士法人かなめが重大事故発生時の報道機関対応で実施する初動対応を紹介します（私立園の場合に限定して紹介します）。
　2-20でも解説したとおり，私立園の場合は
① 　園内で重大事故発生
② 　園から市に対し，事故直後に事故報告を行う
③ 　市から庁舎内に設置されている市政記者クラブに事故情報が伝達
④ 　市政記者クラブに所属している各報道機関が取材活動を開始する
という流れで園に報道機関の取材が来ます。

　弁護士法人かなめでは，重大事故が発生した場合に，市の担当課に対し，「記者クラブに重大事故発生に関する情報提供を行う予定があるか」をすぐに確認します。「記者クラブに情報提供を行う予定である」との回答があった場合，次に，記者クラブの幹事社の連絡先を入手します。記者クラブには複数の報道機関が加盟しており（多くは十数社以上），幹事社は，これらの報道機関の取りまとめを行い，市が実施する記者会見の段取り・調整の窓口を担います。幹事社の連絡先を入手したら速やかに幹事社の担当者に連絡し，下記の趣旨を記載した文書を，幹事社を通じて記者クラブに加盟する報道機関に伝達していただきます。

・今後，園への取材対応はすべて弁護士法人かなめが窓口になること

- 園に直接訪問したり，電話取材をしたり，園の外観を撮影したりするなどの取材・撮影行為は控え，質問がある場合はすべて弁護士法人かなめに連絡していただくこと
- これらのルールを遵守しない報道機関へは情報提供を控える場合があること

　このような趣旨を記載した文書を記者クラブに加盟する報道機関に早期に交付することにより，報道機関が直接園にアプローチすることを防止します。いわば先手を打つのです。

　この方法を採用するためには，園を運営する法人と弁護士との間で，弁護士が報道機関対応を行うことを内容とする委任契約の締結が必要不可欠です。弁護士との間で委任契約を締結していないにもかかわらず，勝手に弁護士を窓口にすることはできないということです。

　もっとも，この方法を採用したからといって，すべての報道機関の園への直接取材を防止できるわけではありません。記者クラブに加盟する報道機関の中には，こっそり園の外観を撮影に訪れる報道機関もありますし，園の職員に個別にアプローチして取材活動を行う報道機関もあります。また，記者クラブに加盟していない報道機関に対しては，実際に取材活動があった後でしか弁護士が窓口に就任していることを伝達する術がありません。そのため，弁護士を窓口とする場合でも，報道機関から園への直接取材をすべて避けることはできませんが，弁護士が窓口に就任することで，多くの報道機関が園に殺到することを防止することはできます。

　報道機関対応に慣れていない弁護士もいますので，日頃から報道機関対応を得意とする弁護士を探しておくことをお勧めします。

（畑山）

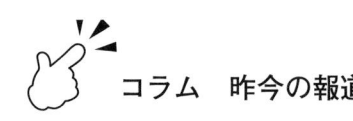

コラム　昨今の報道

　近年は，全国各地の幼保施設における事故や不適切保育に関する報道が，連日のようにワイドショーやネットニュースのトップになっていると言っても過言ではありません。

　本書の刊行にあたり，2023年1月から2024年5月までの間に報道された事案（新聞やテレビ局のネットニュース報道に限定）を調査しました。その結果，全国30都道府県で合計68件，1カ月当たりほぼ4件のペースで報道されていることが判明しました。内訳としては不適切保育が54件，児童に重大な被害が生じている重大事故（犯罪行為を含む）が14件でした。発覚経緯は報道で明らかになっている41件のうち，「保護者や職員等の関係者による行政への通報」が29件と最も多く，「園の自主的な報告」が6件，「報道機関への情報提供」が2件と続きました。

　これらの調査結果および当法人がこれまで対応した知見を踏まえると，以下の点を読み取ることができます。

---

① 　初動対応で保護者や職員の安心感を得られない場合に，外部に通報される

② 　不適切保育が外部通報された場合，報道される可能性が高い

③ 　園が事実調査や再発防止策を徹底した場合には，報道される可能性は低い

---

　①については，保護者や職員が園の対応に不満を持つ場合，「園に言っても仕方がない」とあきらめ，行政や報道機関に通報するパターンが多いということです。そしてその場合，報道機関としては同様の事例を防ぐという使命的な観点や，「園が不適切保育を放置している」，というセンセーショナルな見出しから，②のとおり報道するモチベーションが高くなることになります。

　逆に，③のように園が事後的な対応を徹底し保護者や職員に安心感を与え

ることができた場合は，彼らの外部に通報しようというモチベーションは上がらず，結果として報道されることなく収束に向かう可能性が高いといえます。実際に園が自主通報したにもかかわらず報道された事例は，園児が死亡したという重大事故や，不適切保育であってもかなり悪質な態様（継続的な暴言，暴行，犯罪行為など）であったことが報道の理由と思われるものでした。

　実際に報道された事例を踏まえても，やはり「重大事故・不適切保育が発生した後の対応をしっかりできるか」が重要であることがわかります。

（南川）

21 関係各所対応⑤ 職員への対応

> 園内で発生した重大事故により，職員らは今後の園運営等に不安を感じているようです。園としては，職員に対してどのような対応をすればよいでしょうか？

Q 職員への対応はどのように行えばよいのでしょうか？

　重大事故の発生により園で働く職員らの間に混乱や不安が生じている場合，これらを放置すれば，事故対応への支障の他，職員の離職など園運営そのものへの支障が生じ得ます。そこで，実施すべき職員対応として想定されるのは，以下のような対応です。

---

① 　今後の運営方針の説明

② 　当該職員に対する処分

③ 　重大事故の関係職員へのフォロー

---

　②については，2-33で解説しますので，ここでは①および③について説明します。

Q 今後の運営方針の説明（①）はどのように行えばよいのでしょうか？

　重大事故が発生したとしても，基本的には園の運営を継続する必要があります。そして，運営を継続する場合，重大事故が発生してしまったことに配慮しつつ，他の児童に悪影響が生じないようにする必要があり，園全体の負担は非常に大きくなります。

　そのため，重大事故によって生じた混乱を放置せず，経営層が具体的な方向

性を示し，各職員が不安なく働くことができる土壌を築く必要があります。

　また，園の運営を続ける以上，保護者が現場の職員らに対して重大事故に関する質問をしたり，苦情を伝えたりする可能性が非常に高いです。現場の職員では回答に窮することも多く，また，統制がとれない結果，職員ごとに回答が異なる事態となってしまうと，保護者の園に対する信頼がさらに大きく揺らぐことになりかねません。

　このような事態を避けるため，重大事故の対応窓口を一本化し，理事長や園長など然るべきポジションの方に情報を集約して回答をするという体制を構築した上で，これを職員に対しても説明しておくことで，対応への不安を少しでも和らげることが可能です。

Q　重大事故の関係職員へのフォロー（③）はどのようにすればよいでしょうか？

　後記のStory 3で紹介する事例（長崎地方裁判所令和3年1月19日判決）のように，重大事故や不適切保育の問題に関与した職員が精神疾患になってしまうということは，実はよくある話です。責任感が強い人ほど，気丈に振る舞い，頑張って業務に励んでしまいます。その結果，精神的負担が積み重なってしまい，精神疾患を発症することが多いのです。

　精神疾患は目に見えないものですし，医学の専門家ではない我々には，「元気に働いている職員」と「本当は精神的な負担が強いのに気丈に振る舞って元気よく働いているように見える職員」の区別がつきません。そのため，園内での面談だけでなく，カウンセラーや産業医などの外部の専門家との面談を実施すべきです。

　また，精神的な負担は徐々に蓄積したり，突発的に増大したりする可能性もありますので，このような面談は定期的に実施しましょう。

（米澤）

22　関係各所対応⑥　保険会社への対応

> 当園は，損害賠償責任保険に加入しているのですが，重大事故が発生した際には，どのタイミングで，どのように保険会社に連絡すればよいのでしょうか？

Q　保険会社への連絡はいつすればよいですか？

　幼稚園，保育園のほとんどは，保育事故等に適用される損害賠償責任保険に加入しています。損害賠償責任保険が利用できるかどうかは，その後の被害家族との対応に大きく関わります。なぜなら，重大事故の発生時には，園が被害児童，被害家族に対して莫大な損害賠償責任を負う可能性があります。そのような場合に，もし損害賠償責任保険が利用できなければ，損害賠償金の支払により園運営が困難となるか，そもそも十分な賠償すらできない可能性があるからです。

　もっとも，重大事故発生時に最優先事項となるのは，被害児童の救護措置，被害家族への説明・謝罪，職員対応，そして行政への報告です。したがって，これらの初動が一段落した段階で，保険会社に連絡をするようにしましょう。

　保育事故について保険を利用する場合には，保険会社が独自に事故の状況を調査し，保険の支払をすべきかを検討するのが一般的です。そして，この調査・検討には一定の時間を要するため，被害家族との交渉の際，「保険会社の判断が出ていないので支払えません」という状況が続いてしてしまうと，被害家族の感情が逆撫でされ，園との対立関係が深まってしまう可能性があります。そのため，保険会社に対しては，できる限り早期に調査を開始してもらう必要があります。

Q　保険会社へ連絡する際のポイントは？

　保険会社へ連絡する際には，発生した事故が重大であることを伝えることが重要です。保険会社は，大原則として，保険契約の内容や保険約款の記載に基づき，形式的な対応をすることが一般的です。保険会社も営利企業であるため，保険が利用できる条件を満たしているか否かが一見して明らかでない場合，通常は保険金を支払うことはありません。

　もっとも，例えば，当該事故が連日マスコミ報道がされるなど，重大な事故であり，早期解決や紛争の激化を防ぐために早急な判断が必要な場合には，例外的に柔軟な対応をしてくれる場合もあります。そのため，保険会社に対して事故発生の報告をする際には，重大な事故であることを伝え，保険対応の必要性が高いことを丁寧にかつ粘り強く説明しておくことが肝要です。事故の内容が報道されている場合には，インターネットニュースなどの情報と併せて共有するようにしましょう。

　また，保険の内容によっては，弁護士費用も保険から支払われることがあります。弁護士に依頼するかどうかはさておき，弁護士費用も保険から支払われるのかを確認しておくと，いざ弁護士に依頼しようと考えた際に，慌てず対応ができます。

Q　保険会社対応について，平時に準備しておけることはありますか？

　以上は，実際に重大事故が発生した緊急事態時の動きですが，平時に準備しておけることもあります。それは，現在園が加入している保険の内容の確認および見直しです。

　幼稚園，保育園のほとんどは，損害賠償責任保険に加入しているにもかかわらず，具体的にどのような場合に保険が利用できるかについて正確に把握していない場合もあります。

　どのような場面で保険が利用できるかは，保険の内容，つまり，保険会社との契約内容によって決まります。保険が利用できる条件，金額の上限，金額の算定方法などを正確に把握しておくことにより，適時適切に保険請求ができ，

また，本来保険請求ができる場面で請求漏れが起こることを防ぐことができます。せっかく保険料を支払っているのですから，保険請求できる場合には必ず請求するようにしましょう。

また，保険内容が園の実態に即していない場合もあると思います。例えば，園外行事が損害賠償の対象外であったり，賠償額の上限が非常に低額であったりすれば，必要な保障を受けることはできませんし，逆に必要のない賠償項目が設定されており，そのせいで余分な保険料を支払っている可能性もあります。そのため，まずは加入している損害賠償責任保険の内容を正確に把握するとともに，場合によっては保険の内容を見直すことも重要です。

さらに，保険を利用する場面の多くは，先に説明したような緊急事態である可能性が高く，落ち着いて保険の内容を確認できないこともあります。

そのため，平時に，現在加入している保険がどのような内容であるか，その保険の内容が現在の園の状況に適しているのか，足りない賠償項目，過分な賠償項目がないかについて，点検・整理をしておきましょう。

Q　保護者との関係で，事前にできることはありますか？

もう一点，保育事故発生時に備えるための対策として，損害賠償責任保険の利用について，保護者に対して入園時に説明しておくのも有効です。

どの園も，保育事故発生時に保険会社から賠償金を保障してもらうために，損害賠償責任保険に加入しています。そのため，保育事故が発生した場合は，まさに保険の出番なのです。

ところが，中には，「なぜ保険を使うのだ」「事故は園の責任なのだから，保険を使わずに，園が支払をすべきだ」「保険を使うなんて，誠意がない」などという，的外れなクレームをつける被害家族もいます。このようなクレームは大切な子供が深刻なケガをした，または，不幸にも亡くなってしまったような場合に，感情が昂った被害家族の気持ちを考えれば，そう珍しいものではありません。

実際には，もしもの時のために保険料を支払っているのですから，堂々と保

険対応をすればいいのですが，被害家族がこのようなクレームをつける理由の
1つとして，事故後の園の対応が曖昧で，今後どのように手続等が進んでいく
のかがわからない，本当に誠実に対応されるのかがわからない，という不安が
あることも考えられます。

　そこで，このような事態を避けるために，入園時の重要事項説明書，しお
り，入園案内等の中で，「万が一，事故が発生した場合は任意保険を利用しま
す。その場合，児童，保護者の皆様に，調査等に協力していただくことがあり
ます」と明確に記載した上で，この点についてしっかりと説明しておくことが
肝要です。そうすることで，被害家族も，事故後にどのような手続がとられる
かについてある程度の予測ができ，そもそも保険を利用することへのクレーム
が出ない場合もありますし，仮にクレームが出た場合でも，「入園時にご説明
させていただきましたが，重要事項説明書にも記載があるとおり，事故が発生
した場合，保険を使ってしっかりと対応させていただきます」という説明が可
能となり，これにより過激なクレームを防ぐことが可能となります。

　入園手続は，保護者との信頼関係を築く第一歩です。この機会を疎かにせず，
説明すべきことはしっかり説明しておくようにしましょう。

（米澤）

23　事故検証報告書をつくろう！

> 事故検証報告書をつくる時間的余裕がない時は，行政のひな形に沿って形式を整えておけば大丈夫ですか？

Q　どうして事故検証報告書を作成しなければいけないの？

　園で死亡事故等の重大事故が発生した場合，法令上，行政への報告と事故記録の保管が義務づけられています。

　重大事故の発生による目まぐるしい初動対応や，関係各所への連絡，日々の多忙な業務に追われている園としては，事故検証報告書の作成を非常に大きな負担と感じるかもしれません。しかしながら，事故検証報告書を作成する最大の目的は，事故の原因を分析し，今後同じような事故が発生しないように対策をすることにあります。例えば，同じような事故が同じ園で繰り返し発生しているような場合，先の事故の後，対策がとられていなかったために後の事故が発生したとすれば，園は責任を免れることはできません。

　園の責任の有無にかかわらず，不幸にも発生してしまった事故について，これを記録し，原因を分析し，今後の対策を検討し，実践する，というルーティーンができれば，これらのノウハウは園の財産になります。そして，園全体でノウハウを共有することで，「こういう時どうしたらいいんだろう？」と，職員が１人で悩むことも少なくなります。

Q　事故検証報告書を作成する際のポイントは？

　行政に提出する事故報告書のひな形は，各自治体のホームページ等で公表されていますが，重要なのは形式ではありません。

　事故検証報告書の作成の過程の中で，なぜこのような事故が発生したのか，

どうすれば同様の事故を防止できるかを職員1人ひとりが考え，共通認識を醸成することで，園オリジナルの事故対策マニュアルが完成します。

　事故検証報告書に記載する内容は以下のとおりです。次項以降で項目ごとに解説します。

---

　①　事故時の園の状況

　②　事故までの当該児童の状況

　③　事故当日の状況

　④　事故の経過

　⑤　事故原因の分析

　⑥　再発防止策の検討

---

　①から④は，事故発生以前から事故発生後までに発生した「事実」を記載する部分です。それぞれに固有のポイントはありますが，共通していえることは，「絵が浮かぶような説明になっているか否か」です。事故検証報告書は，事故を直接見ていない人に対し「報告」をする文書です。そのため，誰が読んでも，事故の内容がしっかりと把握できるような記載をする必要があるのです。

　また，⑤および⑥は，①ないし④を踏まえて，検討したことを記載する部分です。ここで検討を疎かにすると，今後の事故が起こらないようにするための対策を適切に行うことができず，せっかく作成した事故検証報告書が無意味なものとなってしまいます。この⑤および⑥については，園内でしっかりと分析し，職員全員が共通認識を持つようにしましょう。

　なお，事故検証報告書には，事故検証報告書作成にあたって参照した資料や記録，ヒアリングをした相手などを併せて記載しましょう。これらを併せて記載しておくことで，事故後期間が経過しても報告内容の検証等が可能となりますし，根拠資料の存在により報告内容の説得力が増すことになります。

(中野)

24　事故検証報告書の作成①　事故時の園の状況

> 事故検証報告書は事故の状況を記載するものだと思っていたのですが，事故時の「園の状況」って，何を記載するんですか？

Q　事故時の「園の状況」の記載とは何ですか？

　事故時の園の状況は，事故が発生した当時，園の体制がどのような状況であったかを記載する部分となります。具体的には，以下のような事情を整理します。

- 園の概要（定員，開所時間，クラス編成等）
- 保育士の配置基準
- 職員研修の状況
- 各種マニュアルの整備状況
- 事故に関連する状況（例えば，誤嚥事故の場合は給食時の食材提供のフロー，遊具に関する事故の場合は遊具の設置時期など）

Q　なぜ事故時の「園の状況」を事故検証報告書に記載するのですか？

　事故が発生した当時の園の状況を整理することは，その後の事故分析に非常に有用です。

　事故が発生すると，つい事故そのものに目が行きがちですが，その原因は，事故発生時までにすでに存在している場合が多いです。例えば，保育士の配置基準に対して，事故以前から人員が不足していることが明らかとなるかもしれませんし，職員が保育や事故対応に関する研修を十分に受けていないかもしれ

ません。また，各種マニュアルがそもそも整備されていないかもしれませんし，存在はしているものの，作成したのは何年も前で一度も更新されていないかもしれません。さらには，マニュアルが存在するにもかかわらず，実際にマニュアルどおりの運用がされていない場合もあるかもしれません。

　加えて，これらの事情を整理する作業自体が，園の状況を知ることに非常に有用でもあります。例えば，園の状況を整理しようとした際，すぐにこれらの状況が把握できない場合があるかもしれません。ホームページの情報が古く実態に合っていない，マニュアルの保管場所がわからない，職員に関する情報が複数ファイルに分かれており整理されていない，などの状況があれば，そもそも情報管理そのものに問題があることが明らかとなります。

　まずは，事故時の「園の状況」をしっかり整理し，原因分析のための土台をつくりましょう。

（中野）

25　事故検証報告書の作成②　事故までの当該児童の状況

> 事故までの児童の状況はどのように整理をすればよいでしょうか？　ご家族にしかわからない事情などもあると思うのですが。

Q　事故までの当該児童の状況は，どのようなことを記載すべきでしょうか？

　事故までの当該児童の状況は，具体的には，以下のような事情を整理します。

- 当該児童の発達状況（年齢，身長，体重，排泄の状況，睡眠時間）
- 保育士の配置基準
- 入園までの経緯
- 入園前の取決め
- 保護者からの情報提供の内容
- 食事等の状況
- 病気や傷病の有無

Q　事故までの当該児童の状況は，何に基づいて整理すればいいですか？

　事故までの当該児童の状況を知ることができるものとしては，入園時に保護者から提出してもらう当該児童に関する情報シート，日々の保育記録，保護者との間の連絡帳，園で実施した健康診断の結果などがあります。これらは，少なくとも事故前までに園が把握していた，または，把握することができた当該児童の情報であり，事故の検証においては，把握し得た当該児童の状態を踏まえた対応ができていたかが非常に重要なポイントとなります。

　また，これらの他，当該児童の送迎の際に保護者との会話において提供された情報や，実際に児童の状態を見て把握していた情報もあり得ることから，当該児童の所属していたクラスの職員など，当該児童と関係のあった職員からのヒアリングも必要となります。そして，当該児童についてより正確な情報を得るためには，職員のみではなく当該児童の保護者からも，当時の児童の状況を聴取する必要があります。

　もっとも，ヒアリングの際には，職員が説明する内容と客観的証拠との間に齟齬があったり，職員が説明する内容と保護者が説明する内容に齟齬があったり，そもそも保護者からのヒアリングができなかったりする場合もあります。その際には，事故検証報告書の中に，ヒアリング結果に齟齬があることや，保護者からのヒアリングが実施できていないことなどを明記しておきましょう。

　最終的には，原因等の検証にあたり事実の認定が必要になる部分もありますが，職員と保護者の話が食い違っており，この点について，どちらの話が真実であるかを認定する客観的根拠が存在しない場合には，そのこと自体が大きな問題であることもあります。例えば，誤嚥事故が発生した際，職員は「保護者との間で，離乳食をスタートさせることについて合意したため，離乳食を食べさせた」と説明したのに対し，保護者は「まだ自宅でも離乳食がうまくいっていないので，園にも協力をしてほしい，という話はしたが，しばらくは様子を見ることになった」と説明したとします。離乳食の開始は乳児にとっては非常に重要であり，かつ，慎重に実施すべきものです。これが，連絡帳や保育日誌等になんらの決定事項の記載もない場合，それ自体が，保護者とのコミュニケーション不足や思い込みによる保育をしていた可能性があります。

　このように，事故当時の児童の状況を整理することは，事故の原因の分析のために非常に重要なのです。

（中野）

26　事故検証報告書の作成③　事故当日の状況

> 事故当日の状況は何をポイントに整理すればいいでしょうか？

Q　事故当日の状況では，どのようなことを記載すべきでしょうか？

　事故当日の状況は，事故時の園の状況や事故までの児童の状況を前提に，実際に事故当日の園や児童がどのような状況であったかを整理する部分となります。具体的には，以下のような事情を整理します。

- 事故当日の事故現場の状況
- 事故当日の職員の配置状況と各職員の経歴等
- 事故当日の当該児童の状態
- 事故当日の他の児童の状態

Q　事故当日の状況の記載のポイントは？

　事故当日の状況とは，まさに事故が発生する直前の状況であり，事故原因の分析のために非常に重要です。

　事故が発生した当時，その場に児童が何人おり，その児童に対してどの程度の対応が必要であったか，このような児童に対して何人の職員が対応しており，各職員がどのような経歴を有しているかを整理することで，事故当時，園で何が起きていたのかが浮き彫りになります。

　例えば，Story 1の事例では，事故当日に3歳児クラスと5歳児クラスは森へ，4歳児クラスは畑へ散歩に行き，そのうち4歳児クラスは，20名の園児に対し3名の職員で対応をしていました。その後，園に帰ってきた4歳児クラスの児

童たちは，他のクラスの児童と入り乱れて遊んでおり，約1時間後の給食時まで，各職員が，どの園児がどこでどんな遊びをしているか把握できない状況となっていました。また，このような状況を整理することで，児童が行方不明になるという状況をもたらした直接の原因は明らかとなります。

　これらの状況を整理する中で，管理職の立場にある職員が，初めて園の現場の状況を知ることもあります。例えば，人員基準をようやく満たす程度の人員しか配置できていない中で，事故当日は病欠等でさらに人員が不足しており，さらに，このような状況が常態化していることが判明するかもしれません。事故の中には，どれだけ注意を払っていても，突発的に発生するものももちろんあり，必ずしも園の体制に原因があるわけではありません。しかしながら，事故が発生する前に，すでに事故の発生が必然的になっている場合もあります。

　1つひとつ段階を分け，精緻に分析をしていくことで，園の体制に潜んだ事故原因を炙り出していくことが必要です。

(中野)

27　事故検証報告書の作成④　事故の経過

事故の経過については何をポイントに整理すればいいでしょうか？

Q　事故の経過の部分は，どのようなことを記載すべきでしょうか？

　事故の経過は，事故発生から救護措置，緊急搬送等，まさに事故の状況をリアルタイムで整理すべき部分となります。具体的には，以下のような事情を整理します。

- 事故発生時から緊急搬送までの時系列での経過（事故発生時間，対応開始時間，救護措置開始時間やその内容，119番通報の時間，保護者への連絡状況，緊急搬送時の状況等）
- 事故発生時の現場の状況（図）
- 事故発生状況の再現

Q　事故の経過について，記載のポイントは？

　事故の経過については，事故検証報告書を読んだ人が臨場感を持って「その場で何が起きたか」がわかるような記載を目指すことが重要です。

　例えば，事故発生時の現場の状況については，事故発生場所の見取り図に当時の児童や職員の配置を書き込み，さらに写真等を添付することで，イメージが湧きやすくなります。誤嚥事故であれば，当時対応が必要であった児童が何人いて，それぞれが教室のどこにいて，職員がどのように配置されて食事の手伝いをしていたか，などを可能な限り記載します。

　そして，事故が発生した直後，実際に職員らがどのような行動をとったかを，

事故現場で再現し，写真や動画を撮って検証することも非常に有用です。このような検証の過程で，例えば，他の児童への対応により，当該児童に対する見守りが手薄となる状況があったのではないか，危険な備品が出しっぱなしになっていたのではないかなど，気づきや発見も多くあります。

　しかしながら，事故発生に関係した職員にとっては，事故の再現は非常に精神的な負担がかかるものです。そのため，当該職員に協力を仰ぐ際には，この検証が当該職員を責めたり追及をしたりしようという趣旨のものではなく，今後新たな事故の発生を防止するために必要な作業であることをしっかり説明し，理解を得るようにしてください。

　また，これらの経過を整理するにあたっては，可能な限り事実の先後関係や時間を正確に記載しましょう。例えば，事故発生からどの程度の時間を経て119番通報をしたのか，保護者への連絡はどのタイミングで行ったのか，実際に救急車が来た時間は何時だったのかなど，細かいことのようですが，この先後関係を可能な限り正確にしておかなければ，後に不正確であることが判明した場合に，保護者から事実の隠蔽や虚偽報告等を疑われる可能性があります。そのため，仮に先後関係等がはっきりしない事実があれば，憶測で記載をするのではなく，明確に「先後関係が不明である」旨を記載しておきましょう。

　なお，このような先後関係の確定や事故が発生した時間帯の記録は，職員らが，事故発生時の行動を理解していなければ行うことはできません。実際に事故検証報告書を作成してみると，「事故が発生した」「救護措置を開始した」「119番通報をした」「保護者へ連絡した」などの事実は存在するものの，それが，いつ，どのように，誰によって行われたのかを正確に把握するには非常に時間がかかり，結局，正確な事実関係がわからないこともあると思います。このような状況に対応するため，事故マニュアルの策定や周知および訓練を日頃から実施しておくことが重要となります。混乱の中では，当然訓練どおりには動けないかもしれませんが，一度でも訓練をしているとしていないとでは，できることは大きく変わります。

　事故の経過を正確に整理するにも，事故への事前の備えが必要なのです。

（中野）

28　事故検証報告書の作成⑤　事故原因の分析

> 事故原因の分析をする際のポイントを教えてください。

Q　事故原因の分析は，どのような視点から行えばいいでしょうか？

　事故の原因を分析する理由は，原因を明らかにすることで，その原因は取り除けるものであるか否か，取り除けるとすればどのような対策をすべきか，取り除けないとすればその前提でどのような対策をすべきかを明確にすることにあります。

　この時，原因には大きく2つの段階があることを意識することが重要です。

　まず，1つ目の段階が，「事故に直結した原因」です。

　例えば，Story 1の事案を前提にすると，まずは児童が行方不明となった直接の原因を考えます。この事案の場合，「散歩から帰ってきた後，4歳児クラスだけでなく，3歳児クラス，5歳児クラスの児童が入り乱れ，職員が当該園児の居場所を把握できなかったこと」になるかと思います。

　その上で，2つ目の段階として，「事故に直結した原因の原因」を考えます。具体的には，「なぜ散歩から帰ってきた後，4歳児クラスだけでなく，3歳児クラス，5歳児クラスの児童が入り乱れる状況となったのか」「なぜ職員が各児童の場所を把握できなかったのか」を考えることになります。これらの原因の一例としては，「従前より，外出時には児童の人数や同行は注視していたが，園内では職員らに児童の居場所を把握するという意識がなく，園としてもそのような対応を求めていなかった」「当時体調不良で休んでいた職員がいたため，人数が少ない状況だった」などが考えられます。

　なお，この2つ目の段階は，場合によっては，さらにもう一段階の原因の深

掘りが可能な場合もあります。例えば，「当時体調不良で休んでいた職員がいたため，人数が少ない状況だった」ことの原因を考えると，「元々人員基準にギリギリの人数の職員しか配置ができておらず，体調不良などで休んでしまうと，シフトが調整できずに欠員が出ることがあった」という具合です。

　このような段階を踏んで事故の原因を考えることで，「では，どうするか？」という今後の対策へ結びつく原因を突き止め，対策を立てることができます。

　初めは難しいかもしれませんが，事故検証報告書を作成するにあたり，「①事故に直結した原因」「②①の原因」などといった項目を設け，意識的にこの経過を踏むようにしてみましょう。

Q　事故の原因を整理しやすくするポイントはありますか？

　事故の原因としては，大きくは，①園の設備・備品に関する原因，②職員に関する原因，③児童に関する原因を意識すると，整理がしやすくなります。

　例えば，児童が階段から転落する事故が発生した場合に，手すりが高すぎて児童が持つことができなかったために転落したのだとすれば，設備に関する原因があることになりますし，児童が階段に行かないように扉等を閉めておかなければならないのに，これを職員が閉め忘れたのだとすれば職員に関する原因です。また，転落した当該児童がその日急に体調を崩すなどしており，これが原因で事故が発生したのであれば，児童に関する原因があることになりますし，他方で，園として，このような突発的な体調不良等の児童がいた際に対応できる状況でなかったとすれば，園の設備または職員に関する原因があるといえるかもしれません。

　この3つの視点に着目して事故原因を分析していくと，網羅的に原因を究明することができます。

　なお，これは，「誰に責任があるのか」という視点からの考察ではなく，客観的に見てどこに原因があり，その原因を取り除くことが可能だったかどうかを検証するためのものであることに注意してください。

（中野）

29　事故検証報告書の作成⑥　再発防止策の検討

> 再発防止策はどのように策定すればいい
> のでしょうか？

Q　再発防止策の検討のポイントは？

　事故の原因分析ができたら，最後の難関である「再発防止策」について考えてみましょう。

　事故原因をしっかり分析できていないと，対策についても具体性を欠いてしまいます。2-28「事故検証報告書の作成⑤　事故原因の分析」では，事故の原因については，①園の設備・備品に関する原因，②職員に関する原因，③児童に関する原因を意識しつつ「事故に直結した原因」から，どんどん原因を掘り下げていくことが重要であると説明しました。

　例えば，「事故に直結した原因」が，「散歩から帰ってきた後，4歳児クラスだけでなく，3歳児クラス，5歳児クラスの児童が入り乱れ，職員が当該児童の居場所を把握できなかったこと」であり，その原因が，「従前より，外出時には児童の人数や同行は注視していたが，園内では職員らに児童の居場所を把握するという意識がなく，園としてもそのような対応を求めていなかったこと」「職員が当時体調不良で休んでおり，人数が少ない状況だったこと」にあり，さらにその原因が「園内での危機管理対策ができていなかったこと」「元々人員基準にギリギリの人数の職員しか配置ができておらず，体調不良などで休んでしまうと，シフトが調整できずに欠員が出ることがあったこと」にあったと分析したとします。

　この時に考えるべきは，それが「取り除くことができる原因」であるか，「取り除くことができない原因」であるかです。

　例えば，「体調不良で職員が休むこと」自体は，やむを得ないことで取り除くことができません。その場合，「体調不良で職員が休むこと」があることを前提として，「取り除くことができる原因」について対策を考えていくのです。具体的には，Story 1 の例でいえば，人数の面については，採用活動を精力的に行い人員を確保することが根本的な解決ですし，職員全員が児童の人数や居場所を把握することの重要性やその方法を学ぶために，園内研修等を実施することも対策の1つです。

　もっとも，今後の対策は，当然，実現可能なものでなければ意味がありません。例えば，職員の採用は簡単なことではなく，どの園も非常に苦労をしている状況があります。そのため，もう少し一歩引いた解決策として，人員欠如時に補助で入ってもらえる非常勤の職員を雇用する，採用活動を有利にするため雇用条件の見直しや採用活動の見直しなどを実施する，ということも効果的かもしれません。

　このように，再発防止策は，実現可能かつ効果的なものでなければなりません。原因を突き詰め，その1つひとつの再発防止策を検討することは非常に骨の折れる作業です。しかしながら，不幸にも発生した重大事故を余すことなく分析することは，実際に事故に遭ってしまった児童や被害家族への最大の誠意であり，かつ，今後同様の事故が発生しないよう，児童が安心して登園できる状況を確保するために避けてとおることのできない作業です。

　再発防止策は，園の経営者や管理職のみならず，現場の職員の声，保護者の声なども聞き取りながら，しっかり時間をかけて策定するようにしましょう。

　なお，事故原因の分析や再発防止策の策定は，徹底しようとすればするほど，その分析や策定に時間がかかります。そのため，事故検証報告書に関しては，例えば段階を分け，まず第一弾としては事故原因の手前まで，すなわち，事実関係を整理したものを公開し，その後第二弾として事故原因の分析や再発防止策を盛り込んだものを公開するなど，工夫をしてみましょう。

(中野)

コラム　重大事故の真の原因は普段の園運営に潜んでいる

　重大事故の原因分析を行う際，ついつい「事故の直接的な原因」に焦点を当ててしまいがちです。事故の直接的な原因が何かを突き止めることはもちろん大切ですが，それだけでは真の分析とはいえません。重要なのは，普段の園運営です。

　コラム「謝罪はあったが報告がなく，遺族が激怒」（34ページ）で紹介した事例を用いて解説します。

【上尾保育所事件（さいたま地裁平成21年12月16日判決）】
　埼玉県にある市立保育所で，入所中の児童が保育所内で熱中症により死亡した事故です。

　散歩から帰ってきた後，児童たちは保育室，廊下，ホールで園児が個々に自由に遊んでおり，職員は被害児童の動静が確認できていませんでした。被害児童は，自由時間はかくれんぼ遊びをしていたようです。給食の時間になった際，被害児童がいないことに職員が気づき，保育所内外を捜索したもののすぐに発見することができず，捜索から約1時間弱が経った頃，保育所内に設置されていた本棚の引き戸の中で意識不明の状態で倒れている被害児童を発見し，その後死亡が確認されました。

　裁判例では，児童らが自由に動き回って遊んでいるような場面では，少なくとも30分に1回は1人ひとりの動静を確認しておくべきであったこと，捜索活動が杜撰であったことについて言及し，職員の注意義務違反を認定しています。動静を確認していなかったこと，捜索活動が杜撰であったことは事故発生の直接的な原因といえるでしょう。

　ただし，事故発生の要因は他にも潜んでいました。判決では言及されていませんが，実は，この事故の背景には，モンスターペアレント問題

がありました。

　とある児童の保護者と園の間でトラブルが頻繁に発生していたのです。例えば，当該児童が園内で他の児童と喧嘩をして顔に傷ができた際，この保護者は園だけでなく，上尾市児童福祉課や上尾市長にまで怒鳴り込み，治療費や通院のための交通費，わが子を病院に連れて行くために仕事を休んだことに対する休業補償を請求したというエピソードがありました。

　このような保護者の言動におそれをなした職員は，当該児童に対する注意指導が及び腰になりました。指導を放置したことで，当該児童は行動がさらに粗暴になり，他の児童もその影響を受け，このクラスでは自由保育の時間になると，児童が窓やピアノに登ったり，カーテンにぶらさがったり，やりたい放題の状態になっていたようです。

　被害児童は，モンスターペアレントの子供にいじめられていたようです。被害児童の親は職員に対し，頻繁にいじめ問題について相談していましたが，職員はモンスターペアレントをおそれてこの問題に真正面から対応しませんでした。

　事故当日のかくれんぼ遊びのメンバーの中には，モンスターペアレントの子供もいました。職員がモンスターペアレントに関わりたくないがあまり，自由保育の時間に児童の動静確認を怠っていたというのは邪推でしょうか。あながち間違っていない推論ではないでしょうか。

　モンスターペアレント問題に対して園側が毅然とした対応をとらず，放置したことがきっかけでクラスが荒れ放題になってしまい，自由保育の時間についても職員が児童の動静確認を疎かにしていたとすれば，当該事故の真の原因は，モンスターペアレント問題を放置した園運営にこそあるのではないかと思います。

　皆様の園でも，モンスターペアレント問題に苦悩している先生方は多いと思います。多くのケースでは対応方法がわからず，「触らぬ神に祟りなし」とばかりに問題を放置してしまう傾向があります。また，モンスターペアレントの児童がいるクラスの担任がなかなか決まらず苦労したり，児童を指導すべき場面でも親の顔がちらついて躊躇してしまい，クラスが荒れてしまう

ことを経験したりしたことがある先生は多いのではないでしょうか。そのようなクラスでは，必然的に保育の質は低下し，安全面への悪影響が顕著になります。

　上尾保育所で生じた事故は，決して他人事ではありません。どの園でも起こり得る身近な事故です。

　事故分析の際には，直接的な原因だけに囚われて安直な再発防止策を講じるのではなく，事故の真の原因がどこにあるのかを探ることが重要です。多くの場合，事故の真の原因は普段の園運営の中に潜んでいます。

　なお，上尾保育所で生じた事故の背景にモンスターペアレント問題が潜んでいることを詳しく分析検討している書籍がありますので，下記に紹介します。

（畑山）

📖 参考文献
●猪熊弘子『死を招いた保育　ルポルタージュ上尾保育所事件の真相』（ひとなる書房，2011年）
●樋口晴彦『なぜ，企業は不祥事を繰り返すのか　有名事件13の原因メカニズムに迫る』（日刊工業新聞社，2015年）

30　事故の賠償対応①　賠償額の計算方法

園内で重大事故が発生したのですが，被害家族への賠償金はどのように決まるのでしょうか？

Q　事故が発生した場合の賠償金の金額はどのように定まるのでしょうか？

　賠償額は，原則として以下のようなルールで計算されます。

　まず，重大事故が発生した場合に発生する損害項目の主たるものは，「治療費」「慰謝料」「逸失利益」の3つです。

　治療費については，事故と因果関係のある治療に要した実費が損害になります。ここには，通院のための交通費なども含まれます。治療費は，「症状固定」といって，治療が終了した時点（治癒したか，または，これ以上治療をしても症状が改善しない状態となった時点）まで発生します。仮に，「症状固定」時になんらかの症状が残存する場合には，「後遺障害」と認定される場合があります。

　慰謝料については，基本的に，症状固定時までに入通院に要した期間を基準に計算し，その期間が長くなればなるほど金額が大きくなります。また，仮に事故によって後遺障害が残ったような場合には，後遺障害に対する慰謝料も発生します。

　逸失利益はあまり聞き慣れない言葉かもしれませんが，「もし事故がなければ得られていたであろう利益」のことを指します。例えば，事故により不幸にも児童が亡くなってしまったような場合，当該児童が生きていれば将来得られたであろう収入などがこれに当たります。また，存命であっても，後遺障害等により将来得られるであろう収入が減少したと見られる場合にも，逸失利益は

発生します。

　このような計算をすることから，治療費も慰謝料も「症状固定」時まで金額が確定しませんし，後遺障害は「症状固定」後の状況から認定されるため，治療が終了しなければ，その有無の判断すらできません。また，慰謝料や逸失利益の金額も，「症状固定」後でなければ正確に確定しません。

　そして，重大な事故であれば，治療にかかる期間は当然長くなるので，重大な事故のほうが，賠償額が確定するまでに時間がかかってしまいます。

　また，重大な事故であればあるほど，賠償額が大きくなる傾向にあるため，被害家族と園の対立も強くなり，保険金を支出する保険会社との交渉も難航することになるので，賠償額の確定にさらに時間がかかってしまいます。裁判に発展するケースでは，まずは数カ月間交渉をし，交渉がまとまらなかった時に裁判になるのが通常なので，治療期間，交渉期間，裁判期間を合計すると，2〜3年程度の時間がかかることも十分にあり得ます。

　そのため，重大な事故であればあるほど，被害家族に賠償がされるまでに時間がかかることになり，2-31「事故の賠償対応②　仮払いの重要性」で説明するように，正式な損害額の確定を待たずに，仮に賠償金の一部を支払うという必要性が高くなります。

Q　賠償額について合意するタイミングは？

　このように，賠償額の確定には一定の時間がかかります。他方で，被害家族としても，園としても，早く賠償額を決めて解決を図りたいとも考えます。

　しかしながら，治療が終了せず，後遺障害の状況もわからない段階では，仮に被害家族から賠償額の提示があったとしても，合意をすることは避けるべきです。損害額が確定しない段階での合意は不明瞭なものにならざるを得ませんし，不当に多額の賠償金を支払う合意となる可能性も否定できず，かつ，「状況が変化したから」と，追加でさらに賠償金を請求される可能性もあります。

　賠償額の合意は，責任の所在および損害額が確定した後を原則としてください。

　もっとも，例外的に被害家族との間で合意に至るのであれば，早期解決の観点から，損害の確定前に一定の金額を決め，合意をすることもあり得ないことではありません。その場合には，保険会社とも事前に調整の上，賠償額として支払う金額が明確であること（その後追加で賠償請求をしないこと）を必須の条件として，慎重に合意を締結するようにしましょう。

【損害賠償の全体像】

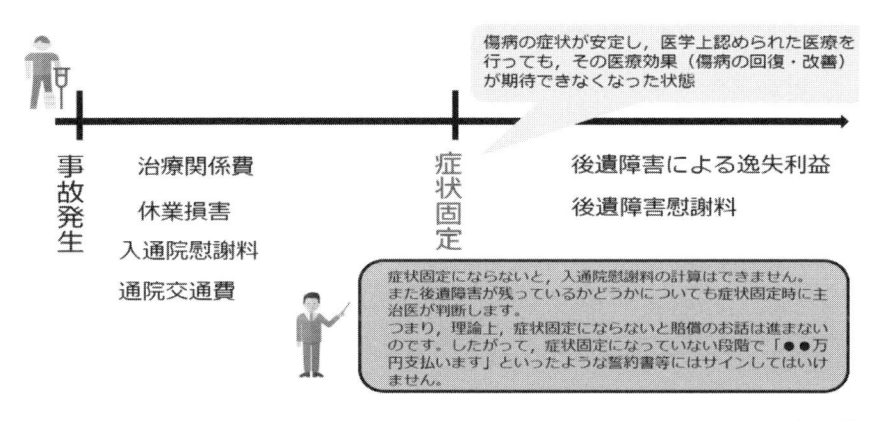

（米澤）

31　事故の賠償対応②　仮払いの重要性

> 被害家族への賠償金が決まらなければ，被害家族への支払はできないのでしょうか？

Q　被害家族への支払はいつ始めるの？

　2-30「事故の賠償対応①　賠償額の計算方法」で解説したとおり，重大な事故であればあるほど，賠償額が確定するまでに長い時間を要します。同時に，重大な事故であればあるほど，治療費は多額になり，被害家族の経済的負担は大きくなります。

　加えて，被害家族は，朝元気に送り出した自分の子供が突然亡くなったり，重篤な障害を負ってしまったりすると，何も手につかない，何も考えることができないという状態になり，その精神的苦痛の大きさから仕事に行けなくなったり，介護の必要から場合によっては退職を余儀なくされたりするなど，収入が途絶えてしまうケースもあります。そのような状況で，日々の生活費に加え多額の治療費等を立て替えて支払わなければならないことになれば，被害家族は経済的に困窮し，これによりさらに感情的になってしまうことも多く，園との交渉が円滑に進まない可能性が高くなります。また，園としても，園で発生した事故が原因で被害家族が困窮するという事態は，本意ではないと思います。

　そのような場合に，賠償金の総額は決まっていないものの，賠償金の一部を早期に支払うという対応をすることがあります。これを「仮払い」といいます。もちろん，仮払いで支払った金額は，賠償金に充当されます（充当されることを明確に定めておきましょう）。

　理論的には，賠償金の確定までには時間がかかるのですが，自身の子供が重大な事故に遭ったときに，冷静に受け止められる被害家族のほうが稀だと思

います。そのため，被害家族が，「園はこんな酷い事故を起こしておきながら，1円も払わないつもりか」「賠償を遅らせることにより，被害家族をさらに苦しめようとしているのではないか」などと疑心暗鬼になることも，無理からぬことです。

　仮払いで一部でも賠償金を支払うことができれば，被害家族は安心するでしょうし，そのような被害家族の姿を見ることで，園としても少し肩の荷が下りる感覚になるのではないでしょうか。被害家族の感情が少しでも落ち着けば，その後に円滑な交渉ができる可能性も高まります。

　そのため，重大な事故の場合には，保険会社に仮払いをしてくれないかと交渉をすることが非常に重要です。もちろん，園が手出しで仮払いをすることも可能ですが，まずは，保険会社と交渉をすべきです。仮払いをすることにより被害家族の信頼を得ることができれば，ひいては早期解決が可能になることもあり，保険会社としても仮払いをすることにメリットがあるのです。ただ，保険会社は，基本的には治療が終了し賠償金が確定するまで，保険金を払わないという対応をすることが多いです。そのため，仮払いの交渉は保険会社に特別な対応を求めるものですので，非常に難易度が高いです。

　なお，仮に事故に関して園側が法的な責任を負わない可能性がある場合は，保険会社としても仮払いの対応をしないでしょうし，仮払い後に法的な責任を負わないとの判断に至った場合には，被害家族から見れば責任の有無を翻したようにも見え，交渉が錯綜することが予想されます。

　したがって，仮払いの対応を検討するのは，園側の法的な責任が明らかな場合，少なくとも園側が一部でも法的な責任を負う場合と考えておきましょう。

（米澤）

32　事故の賠償対応③　早期の賠償金提示

> 賠償額の確定に時間がかかることはわかりましたが，できるだけ早く被害家族に賠償金の金額を提示したいです。
> 何かよい方法はありませんか？

Q　早期に賠償対応をする意義は？

　重大事故が発生した場合，通常は，被害家族も園も，一刻も早い解決を望んでいます。2-31で解説したとおり，仮払いを交渉する余地もありますが，事件の解決ではありません。仮払いがされたとしても，最終的には賠償額を確定させて，精算を終了させなければならないからです。

　被害家族としては，ただでさえ自身の子供が重大事故に遭ったにもかかわらず，煩わしい賠償の交渉をすることにより，交渉のたびに事故のことを思い出してしまい精神的に疲弊します。

　園としても被害家族が疲弊する姿を見ることは辛いでしょうし，園運営を継続していても，常に事故のことが気にかかり，園内の雰囲気が悪くなってしまうことも多いと思います。

　そこで，ここでは，賠償金の金額を早期に提示する方法を検討します。

Q　賠償対応のための準備とは？

　まずは，保険会社が賠償金の金額を確定する際の調査内容を確認しましょう。

　保険会社が保険金として支出する賠償額を確定するために行う調査内容は，概ね以下のとおりです。

①　事故状況の確認　②　関係者のヒアリング　③　治療費等の実費の支出状況（領収書等）の確認　④　医学的な意見の確認　⑤　園の法的責任の有無，範囲の検討　⑥　各損害項目と事故の因果関係の確認

このうち，⑤については，事故発生直後に判断がされる可能性もありますが，③⑥は，治療が終わってからでなければ最終的な判断はできませんし，④についても，概ね治療が終わってからの判断になります。

そうすると，やはり治療が終了しなければ，保険会社として賠償金の金額の確定をすることはできないのが原則です。

また，一般的には賠償金の金額は早期に確定するのが望ましいですが，保護者の感情的に，まだお金の話はしてほしくないということもよくあります。②③④の調査については，被害家族の協力が不可欠になります。例えば，③については領収書等の資料の提供が必要になりますし，④については診療情報という児童の個人情報の取得になるので，被害家族の同意が必要になります。そのため，被害家族が協力してくれなければ，保険会社としても賠償金の金額を確定する資料が手に入らないということになり，賠償金の金額は確定できないことになります。

Q　治療が終わるまで賠償金の金額を確定することはできないのでしょうか？

では，治療が終了するまで，または，被害家族から資料提供などの協力があるまで，保険会社は賠償金の金額の確定をしてくれないのでしょうか。

原則的には，このような状況では保険会社は賠償金の金額を確定してくれません。もっとも，事故が重大であったり，連日報道されるなどして世間の関心を集めていたりする場合などには，保険会社が例外的に特別な対応をしてくれることもあります。

特別な対応の例としては，以下のようなことが考えられます。

> - 損害算定のための証拠が一部ない段階にもかかわらず，被害者に有利に損害額を確定する
> - 特定の費目を除き，損害額を確定する

このような特別な対応を求めるために，まず重要なのが，2-31で説明したように，重大事故であることを保険会社にはっきりと説明することです。「このような重大な事故であるため，保険会社としても特別な対応をしてほしい」と依頼するのです。

仮に，治療の終了や被害家族の協力を待つ場合，事故が重大であればあるほど，取得した資料の確認，被害家族側と園側（保険会社）の主張を基にした交渉は，時間がかかります。そして，時間がかかるほど，被害家族も園も疲弊してしまいます。

保険会社からしても，早期解決は大きなメリットです。

そこで，特別な対応を求める際には，保険会社に対して，当該事故において通常の対応をすればどのような経過をたどる見込みであるのか，特別な対応をすることに園や保険会社にどのようなメリットがあるかという点を丁寧に説明することが重要になります。

このような説明は，幼保業界における事故の賠償実務に詳しい弁護士が行うことにより，説得力が増します。保険会社では内部の決裁手続がありますので，担当者としても上長を説得できる資料を求めています。そこで，弁護士が意見を述べることで，上長を説得する絶好の資料になります。

したがって，このような特別の対応を求める場合には，幼保業界における事故の賠償実務に詳しい弁護士の協力が不可欠です。

（米澤）

33　関係職員の処分の考え方

事故に関係した職員に対しては，なんらかの処分をすべきでしょうか？

Q　重大事故に関係した職員を必ず処分すべきでしょうか？

　重大事故対応の最終章として，重大事故の発生に関係している職員，例えば，誤嚥事故発生時に食事をさせていた職員，転落事故発生時や午睡中の窒息事故発生時に見守りを行っていた職員などに対して，園としてなんらかの処分をするか否かを検討する必要があります。実際に，被害家族や在園児の保護者などから，職員の処分を求める声が上がる場合もあります。

　もっとも，重大事故の発生に関係した職員がいたとしても，必ずしも当該職員を処分しなければならないわけではありません。

　その大きな理由は，以下の2点です。

---

①　重大事故の原因の所在
②　重大事故発生時の職員の精神的ダメージ

　まず，①について，重大事故の発生原因が特定の職員のみにあるケースはそう多くありません。むしろ，突発的な事象や園運営そのものの根本的な問題が関係しているケースが多々あります。そのため，特定の職員を処分したからといって，それで解決するものではなく，当該職員も含めた園全体の問題として再発防止策を策定する必要があるからです。

　次に，②について，重大事故では，児童が重傷を負ったり，場合によっては亡くなったりするなど，重大な結果が発生するため，このような重大事故に関

係した職員は，事故の衝撃や悔恨の念から精神疾患を発症したり，場合によっては離職をしてしまうほどの強い精神的ダメージを受けたりします。そのため，重大事故が特定の職員のみに起因しない場合が多いことにも鑑みれば，必ずしも，当該職員を一方的に処分することは適切ではありません。また，当該職員自身が，事故原因の分析や再発防止策の策定の過程で猛省しており，指導としてはすでに十分な場合もあります。

　そのため，重大事故に関係した職員の処分は，事故原因や当該職員の状況に応じて，慎重に実施する必要があります。

Q　どのような場合に，どのような処分をすべきでしょうか？

　もちろん，重大事故の発生が当該職員固有の不注意や不適切な行動に起因するものである場合には，処分を検討すべきです。例えば，事故発生以前より不適切な見守りを指摘されていた職員が起こした事故であれば，ただ注意を促すだけでは足りません。

　ここでいう「処分」とは，就業規則で定める「懲戒処分」です。職員の非行行為の軽重により，処分内容を決することになります。

　詳しくは，Story 3 の 9「関係者の処分」で解説します。

Q　保護者らにはどのように報告をすればよいでしょうか？

　仮に，関係職員に対してなんらかの処分をした場合には，その内容等は伏せた上で「厳重に注意をした上，就業規則に基づき厳正に処分しました」と報告することで足ります。また，処分をしなかった場合には，園として重大事故の発生に対して改めて真摯に謝罪した上，園全体で原因を分析し，再発防止策を策定し，これを実践していることをしっかり報告しましょう。

　なお，重大事故発生後，原因分析等の結果，組織全体としての問題が明らかになることがあります。その場合には，関係職員への処分のみならず，管理職や経営者に対する処遇も検討が必要となります。

　詳しくは，**コラム**「重大事故・不適切保育の発生による体制変更」（160ページ）で解説します。

（中野）

 **コラム　ネットのクチコミ対応**

　重大事故や不適切保育の対応に関連して，園の関係者から「園を誹謗中傷するクチコミがネットに書き込まれているため，削除したい」といった相談を受けることがしばしばあります。本コラムでは，クチコミに対して，全体的な考え方および法的観点から，どのように対応すべきかという点について説明したいと思います。

〈クチコミ削除のルールは？〉

　クチコミの削除請求とは，具体的にいえば，「クチコミのデータを提供する行為を停止するよう請求すること」であり，法的には差止請求として分類されます。誹謗中傷のクチコミに対して差止請求が認められる法的根拠のほとんどは，「名誉毀損による人格権侵害」です。

　この後述べるGoogleなどのように，クチコミサービス事業者の多くは，それぞれ独自のルール（ポリシー）を設定し，それに反するクチコミの存在が判明した場合，事業者側として削除する運用をとっています。

　本来，クチコミを投稿した本人（投稿者）に対して削除を請求するのが筋ではありますが，ネットのクチコミはほとんどが匿名ですので，クチコミサービス事業者に対して，人格権侵害や独自のルール（ポリシー）違反であるとしてクチコミの削除を申し立てるのが基本となります。

〈削除の請求方法〜Googleの場合〜〉

　具体的な削除請求の方法について，最も多くご相談いただくGoogle（以下「グーグル」と表記します）を例にして説明します。

　グーグルでは，検索結果画面の右側に「Googleのクチコミ」と表示され，ここをクリックするとその施設（園）についてグーグルアカウントが提供したクチコミ情報が表示されます。このクチコミ情報の削除を求める方法はいくつかあります。

① レビューの報告

　削除を求めるクチコミの右上の“丸印が縦に３つ並んでいる部分”にカーソ

ルを合わせると「レビューを報告」が表示されます（後掲図1参照）。それをクリックすると，「冒涜的な表現」や「いじめ，嫌がらせ」「人種差別，ヘイトスピーチ」などグーグルが設けた削除ルールの類型を選択する画面になります（後掲図2参照）。

　これらのルールに該当しない場合（名誉毀損など）は，下部の「法的な問題を報告する」をクリックすると，別ページでさらに項目を選択する画面になり，「リクエストを作成」を選択後，具体的な記載フォーム画面になります（後掲図3参照）。ここでは，権利侵害に当たると考える理由や具体的な説明について記載する必要があります。

② ビジネスプロフィールからの削除請求

　クチコミ対象（本書の場合は，園または法人）が「Googleビジネスプロフィール」アカウントを作成している場合，当該アカウントのメニュー欄の「クチコミ」をクリックして，そこから削除を求めるクチコミについて「不適切なクチコミとして報告する」をクリックすると，①と同様の手順で削除を求めることができます。

　①と比べて，ビジネスプロフィールを通じた削除請求のほうが，グーグル側の返答が一般的に早くなる傾向にあるといわれています。ビジネスプロフィールの作成自体は無料ですので，クチコミの削除を検討する場合，アカウントを作成したほうが望ましいと思われます。

　グーグル以外のクチコミサービスにおいても，細かい手続は異なるものの，削除申立てフォームを通じて事業者に当該サービスのルール（ポリシー）違反であることや名誉毀損であることを説明することになります。

〈その他の対応方法・注意点〉

　本コラムでは，クチコミサービス事業者に対する削除請求に焦点を当てましたが，クチコミ投稿者に対して責任追及をしたい場合には，クチコミ投稿者を特定するための法的手続（いわゆるプロバイダー責任制限法に基づく発信者情報開示手続）をとる必要があります。紙幅の都合上詳細な説明は割愛させていただきますが，かなりのスピード感が要求される点（データの保存期間との関係で，クチコミが投稿されてから急いで行う必要があることが多い）およびコストがかかる点（裁判所に対する複数の申立手続や弁護士への

依頼費用が必要となるため）は覚えておいていただければと思います。

　また，悪質なクチコミ対応の注意点として，クチコミ内容だけでなく「クチコミのURL」をしっかり記録しておいてください。URLがわからなければ，クチコミを特定することができず，削除等の対応が一切できないリスクがあります。

　なお，クチコミは一種の表現行為であり，表現の自由は憲法で定められた重要な基本的人権の１つであることから，単にネガティブなクチコミであるという理由だけではクチコミサービス事業者は削除に応じないことも多いです。そのような場合の善後策として，上述のグーグルクチコミの場合は，ビジネスプロフィールを持っているとクチコミへの返信機能（オーナーからの返信，後掲図１参照）がありますので，誹謗中傷のクチコミに対し，「そのような事実はありません」等といったクチコミを投稿して対抗することが可能です。ただ，園が反応したことに対して，さらに誹謗中傷の書き込みが激化する可能性がありますので，投稿内容については十分な吟味が必要です。

　さらに，2024年５月10日，改正プロバイダー責任制限法が成立しました。これは大手事業者に対し，削除基準の策定を求めるほか，被害者の削除申請から一定期間内に判断結果を通知する義務を課すものであり，各事業者の運用が当該改正を踏まえて大きく変化する可能性がある点もおさえておいてください。

【図1】　クチコミ画面

弁護士法人かなめ

大阪府大阪市北区西天満4丁目1-15 西天満内藤ビル602号

5.0 ★★★★★　8件のレビュー　ⓘ

🖉 クチコミを書く

---

k　1件のレビュー

⋮

★★★★★　1か月前

大変お世話になっています。いつも幅広い場面で困った時に相談させていただいております。何度もピンチの時に救っていただきました。
またいつもこちらの思いに寄り添ってくださる姿勢がとても嬉しくありがたいです。安心して運営できるのは、かなめさんのおかげだと思っています。いつもありがとうございます！一言でいうと、かなめ最高！！

|　クチコミを共有
|　レビューを報告

　いいね

オーナーからの返信 1か月前
いつも弁護士法人かなめの顧問弁護士サービス「かなめねっと」をご利用いただきましてありがとうございます。また今回このような投稿をいただき、大変嬉しく思います。 … もっと見る

【図2】 口コミを報告

口コミを報告

関連性のないコンテンツ 　　　　　　　　　　　　　＞
このビジネスでの経験とは関係ないクチコミ

スパム
ボットまたは虚偽のアカウントからのクチコミ、ある　＞
いは広告かプロモーションを含むクチコミ

利害に関する問題
該当のビジネスまたは競合するビジネスと関係するユ　＞
ーザーが投稿したクチコミ

冒涜的な表現
汚い言葉、露骨な性描写、詳細な暴力描写を含むクチ　＞
コミ

いじめ、嫌がらせ 　　　　　　　　　　　　　　　＞
特定の人を個人的に攻撃するクチコミ

人種差別、ヘイトスピーチ
身元を理由に個人またはグループを中傷する表現を含　＞
むクチコミ

個人情報 　　　　　　　　　　　　　　　　　　　＞
住所や電話番号などの個人情報を含むクチコミ

役に立たなかった
この場所に行くかどうかを決めるのに関係ないクチコ　＞
ミ

法的な問題を報告する

【図3】 権利侵害にあたるコンテンツの報告

権利侵害にあたるとお考えのコンテンツ

問題のクチコミへのリンクをお知らせください。クチコミの正しい URL を見つける方法は以下のとおりです。

1. クチコミの下にある、またはクチコミの横にあるその他メニューで、[共有] ボタンをクリックします。
2. [リンクをコピー] をクリックします。

URL は、https://www.google.com/maps/ ☑ または https://goo.gl/maps ☑ から始まっている必要があります。

権利侵害にあたるとお考えの URL *

```
[                                            ]
```

フィールドを追加

多数の URL を報告する場合は、処理の迅速化のため、1 件の通知につき 10〜100 件の範囲内で URL を送信することをおすすめします。下の [さらに追加] をクリックすると、複数の URL を送信できます。

申し立ては写真、画像、動画に関連していますか？ *

○　はい

○　いいえ

上記の URL のコンテンツが違法であるとお考えの理由について、可能な限り具体的な法律の条文を引用し、詳しくご説明ください。名誉毀損以外のリクエストについては、透明性を高めるため、Google はこのオープン テキスト欄の情報を Lumen と共有します。説明に個人データを含めないようにお願いいたします。Lumen の詳細については、こちらの記事をご覧ください。 *

```
[                                            ]
```

具体的な説明として、上記の各 URL から、ご自身の権利を侵害していると思われるテキストを正確に引用してください。権利侵害にあたるとされるコンテンツが画像や動画である場合は、問題の画像や動画について詳しくご説明いただき、該当の URL で Google がその画像や動画を特定できるようにしてください。 *

（南川）

Story 3

「虐待疑い？」
初動対応を誤り大混乱に陥る園

私は認定こども園の園長です。今，園が大変な状況に陥っています。

先日，勤務を終えて退勤した職員から電話がありました。

「園長，大変です。勤務を終えて帰宅していたのですが，帰宅途中に保護者の山田さんから呼び止められて，突然車の中に引き込まれたのです。本当に驚きました。
車内で『保育士の先生たちが児童を虐待しているだろう。』

『事実関係を確認したい。』と言われました。園長，どうしたらいいのでしょうか？」

私はこの電話を受けて大変驚き，パニックに陥ってしまいました。
最近よく取り上げられている「不適切保育」の問題が，ついに当園でも発生してしまったと感じました。

「どうしよう！　保護者が虐待を疑っているのであれば，すぐに保護者説明会を開いて職員から説明させよう！」

そう思い立って，車内引き込みがあった翌日に，集まれるだけの保護者に集まっていただき，参加できる職員にも参加してもらって保護者説明会を開催したのです。

私は気が動転しており，保護者かどうかの確認を十分せずに会場に訪れた人を室内に通しました。
来場者の中には，新聞社を名乗る人がいましたが，どう対応してよいかわからなかったので，ついつい会場に入ることを許可してしまいました。
また，後日判明したのですが，保護者と称してテレビ局の記者も紛れ込んでいたようです。

何の準備もせずに臨んだ保護者説明会は混迷を極めました。

虐待を疑う一部の保護者が「虐待リスト」なるものを作成し，それを全体に配布して，１つひとつの事実を職員に直

接問い質すというような，職員を一方的に責め立てるような会になってしまったのです。

ヒートアップしている一部の保護者以外の保護者は，「一体どういうことだろう？　虐待なんて本当にあったの？」とまるで事態を飲み込めていないような状況でした。

午後 6 時から開始した保護者説明会は合計 5 時間にも及び，終わった時には夜の11時を過ぎていました。

職員も疲れ果てていました。「なぜこんなことを言われないといけないのか」と涙を流す職員もいました。

数日後，「これからどうやってこの問題を収束していこう」と頭を悩ませていた時に，さらに追い打ちがかかります。

なんと，テレビをつけるとニュースで，『〇〇の園で虐待か？』『保護者説明会で明確な説明なし』などと大きな見出しが出て，我々のことが報道されているではありませんか。

まるで虐待があったと決めつけているかのような報道に大きな違和感を覚えましたが，もはや手のつけようがありません。

その後，報道を見た自治体職員が特別指導監査にやって来ました。

今も保護者からの「一体どうなっているんだ」といった電話が鳴りやまず，地元住民からも誹謗中傷が殺到しています。

職員たちも，みるみるうちに疲弊していき，退職したいと漏らす職員も出てきました。

園長である私がしっかり考えずに，慌てて保護者説明会を開いたことで，大変な混乱を招いてしまいました。
悔やんでも仕方ないのですが，一体どうすればよかったのでしょうか。これからどうすればいいのか，先が見えず苦しいです。

（このストーリーは，長崎地裁令和 3 年 1 月19日判決の事例を基に作成しています）

（畑山）

1　不適切保育対応の全体像

不適切保育の通報が園に入ってしまった
場合，どのように対応すればよいでしょ
うか？

Q　不適切保育対応と重大事故対応の違いは？（おさらい）

　詳しくは 2 - 1 で解説したとおりですが，不適切保育対応は重大事故と異なり，「そもそも不適切保育が実際にあったかどうかわからない」状況ですので，全容を把握するための事実の調査が非常に重要です。また，在園児の保護者への情報共有は重大事故と同様に重要ではあるものの，保護者説明会の実施の要否については慎重な検討が必要です。

Q　不適切保育対応のポイントは？

　不適切保育対応のポイントは以下のとおりです。

---

①　初動対応（3 - 2，3 - 3）
　不適切保育の疑いを把握した際には，まず初動対応として，基本方針を定めることが重要となります。そのためにも，早急に簡易的な調査を実施して全体像を掴み，今後の事実調査に向けた基本方針を策定することが必要となります。

②　事実関係の調査（3 - 4 ～ 7）
　基本方針に基づき，客観的な証拠の収集やヒアリングを実施し，事実関係の調査を行います。この時，職員や子供のプライバシーへの配慮やヒアリングの進め方について特に注意する必要があります。

③　事実調査後の対応（3 - 8 ～ 12）
　事実調査の結果，不適切保育の事実が認められた場合，関係職員の処分を検

討しなければなりません。

　その他，重大事故対応と同様に，保険会社への対応や関係各所への対応，調査報告書の作成などが適宜必要となります。

（南川）

2　不適切保育への初動対応①　基本方針の策定

> 不適切保育の疑いが発覚しました。
> 初動対応と基本方針の定め方について教えてください。

Q　初動としてすべきことは何ですか？

　不適切保育の疑いが発覚した場合，初動対応としてすべきことは，基本方針の策定です。まずは，対応の方針が定まらなければ，どの関係先に対して，どの程度の情報を伝えるかも確定できず，行き当たりばったりの対応となってしまい，その結果として，報告内容が矛盾したり，報告すべき関係先への報告が漏れてしまったりすることもあります。

　まずはしっかりと基本方針を策定しましょう。

Q　具体的な基本方針の策定の仕方は？

　基本方針として策定すべき項目は，①調査範囲の確定，②調査の進め方の確定です。以下，個別に説明します。

①　調査範囲の確定

　特に問題になるのが，客観的証拠の調査範囲と聴取する職員の範囲です。前者については，例えば，防犯カメラに映像が残っている可能性がある場合，何日間分の，どの範囲の防犯カメラ映像を確認するかが問題になります。調査の範囲は広いほどよいのですが，調査をするのは園の職員であり，実際に時間と労力を割くことができる人員は限られています。そのため，どの範囲の防犯カメラ映像を確認するかは，実際に調査できる人員数および時間と当該防犯カメラ映像に不適切保育の状況が映っている可能性等を考慮して判断します。

　後者については，例えば，特定の職員に不適切保育の疑いがある場合，まず

は当該職員と同じクラスを担当しているなど，当該職員と業務上の関わりが深い職員を調査の範囲とすべきです。事実関係の調査という点では，職員全員から聴取をすることが望ましいですが，不適切保育の早期解明のためには，ある程度範囲を絞り調査を実施する必要があります。あまりに調査範囲を広くしすぎると，調査に時間がかかり，保護者からの圧力が強まったり，不穏な空気が醸成されてしまったりする可能性が高まります。そのため，まずは不適切保育の早期解明のためにも，範囲を絞って職員の聴取をし，その後，必要に応じて範囲を徐々に広げていくイメージで聴取を実施しましょう。

　他方，不適切保育の疑いが，職員を特定せずに存在する場合には，ある程度広い聴取が必要となります。この場合には，職員全員との面談，アンケートなどの活用も検討します。

② 　調査の進め方の確定

　調査の進め方としては，まずは，客観的な証拠を収集します。客観的な証拠の有無・内容によって，職員への聴取内容も変わってくるからです。例えば，不適切保育の状況が防犯カメラ映像に映っているのであれば，そのような不適切保育が存在するという前提での聴取になります。反対に，不適切保育の状況が防犯カメラ映像等に映っていないのであれば，聴取により不適切保育の有無や内容を確認しなければなりません。

　続いて，聴取する職員の順序を決定する必要があります。原則として，聴取は，不適切保育の疑いがある職員との関係性が薄い順に進めます。先に，疑いのある職員や当該職員と親しい職員の聴取を実施してしまうと，職員同士で口裏を合わせ，虚偽の供述をするよう結託する可能性があるからです。また，先に疑いのある職員以外の職員の聞き取りをしていれば，園としてある程度事実関係を固めた上で聴取を実施することができ，仮に，疑いのある職員が不適切保育を否定したとしても，他の職員からの供述を基に追及することも可能です。

　基本方針は，個別具体的な事情に応じて，慎重かつ迅速に定める必要があります。不適切保育の疑いが発覚した場合には，速やかに策定に着手しましょう。

（米澤）

3　不適切保育への初動対応②　関係各所への連絡

> 基本方針を策定したのですが，この後は
> どのように対応すればよいでしょうか？

Q　保護者への報告はどのようにすべきでしょうか？

　保護者の対応については，発覚している不適切保育の内容によって大きく異なります。想定されるパターンとしては，①不適切保育の対象となっている児童が確定している，②不適切保育の対象となっている児童の一部は確定しているが，その他にも対象となる児童がいる可能性がある，③不適切保育の対象となっている児童がわからない，の3つのパターンだと思います。

　以下それぞれのパターンに応じて説明します。

　まず，①の場合は，不適切保育の対象となっている児童の保護者に対して，園で把握している不適切保育の概要を伝え，「現在調査中ですので，正式な報告は追ってします。」と伝えましょう。ここでの注意点は，把握していることはすべて伝え把握していないこと，調査をしなければわからないことは，「今の段階ではわからない」と明確に伝えることです。保護者への報告を早くすればするほど，園で把握できている情報量は少なく，その精度も低くなるため，本来は事実の確定が最優先です。しかしながら，園が報告する前に，不適切保育の内容が，園以外のルートから保護者に伝わることは絶対に避けなければなりません。そのため，不明な点が多くても，わからないことについては調査中であることを前提に報告することが重要です。

　また，保護者に概要を伝える際には，隠蔽する意図がないことを丁寧に伝えた上で，「今の段階で他の保護者に知れると，調査内容に影響が出る可能性があります。調査が完了しましたら，きちんと報告しますので，どうかしばらく

は他の保護者様や第三者に伝えないようにご協力ください。」と誠実に伝えましょう。

　次に，②の場合は，不適切保育の対象となっている児童の保護者については，①と同様の対応をします。他にも不適切保育の対象となっている児童が存在する可能性がある状況ですが，対象となっていることが確認できるまでは，広く保護者全員に報告をするのは控えるべきです。

　③の場合は，初動の段階で保護者に情報を共有することは避け，まずは事実の確定を重視しましょう。

　実際のケースでは，①〜③のように明確に区別できないことも多いかと思いますが，上記の内容を参考に，初動の段階で，どの保護者にどの程度の情報を提供するのかという方針を決定し，その方針に従って説明をしましょう。

Q　在園児の保護者への報告はどのようにすべきでしょうか？　保護者説明会をすべきでしょうか？

　不適切保育などの不祥事が発生した場合，かなり初期のタイミングで保護者説明会を開催してしまう園があります。しかしながら，そもそも保護者説明会を実施するかどうかもさることながら，特に初動段階での保護者説明会は，絶対に実施すべきではありません。

　Story 3「「虐待疑い？」初動対応を誤り大混乱に陥る園」（127ページ）で解説したとおり，事実関係が確定していない段階での場当たり的な保護者説明会の実施は，単に多数の保護者から糾弾を受けるだけの説明会となり，園側に一切のメリットがないばかりか，本来の目的である説明と謝罪すらままならないことがほとんどです。説明や謝罪をするにしても，その前提となる事実関係が確定できなければ説明はできないですし，謝罪の対象も確定しません。十分な説明や謝罪ができない保護者説明会を実施することは決して誠実な対応ではありません。

　さらに，場当たり的に実施した保護者説明会は，無計画ゆえに極めて長時間にわたり，さらには保護者側の圧力に押されて，複数回実施することになるこ

とがほとんどです。保護者説明会と銘打っているものの，実際には私刑に等しい状況になってしまうのです。

　以上のことから，初動段階での保護者説明会は実施すべきではありません。

　仮に，すでに不適切保育が保護者間で話題になっている場合でも，現在調査中であること，調査が完了した場合には改めて報告をすることを園だより等の保護者向けの書面で説明するにとどめましょう。

Q　行政への報告はどのようにすべきでしょうか？

　行政への報告は，基本的には，Story 2 の14，15「関係各所対応③　行政への対応（報告）（監査）」（58 〜 63ページ）と同様です。不適切保育の疑いが発覚したことと，その時点で把握している事実を伝え，現在調査中なので，調査完了後に改めて報告する旨を伝えましょう。

　行政に不適切保育の報告をした場合，不適切保育の内容にもよりますが，重大事故の場合と異なり，行政としても園からの正式な報告があるまで静観することが多いです。

　もっとも，その不適切保育についてマスコミが報道している場合には，特別指導監査になる可能性が高いと考え，心の準備をしておく必要があります。

Q　職員へはどのように伝えるべきでしょうか？

　どの職員にどのような情報を伝えるかという方針は，慎重に検討する必要があります。

　なぜなら，不適切保育の疑いが発覚した場合，多くは特定の職員（複数の場合もあります）による不適切保育が問題となることから，仮に不適切保育の事実を認定する前に当該職員に調査の事実が知れてしまえば，偽装工作や言い逃れのための準備時間を与えてしまうからです。

　そのため，不適切保育が疑われる職員に情報を直接伝えないのは当然として，他の職員から不適切保育が疑われる職員に情報が入らないように気をつける必要もあります。

　このような観点から，各職員へのヒアリングや調査の協力を得るにあたっては，初動の段階で各職員の関係性を正確に把握し，誰にどのような情報を与えて協力を得るのか，どのような順番で聞き取りを行うのかについて方針を定めておく必要があります。

　さらに，不適切保育の疑いが生じたきっかけが職員の内部通報である場合には，内部通報者を保護することも非常に重要です。仮に，不適切保育の疑いがある職員に内部通報者のことが知れてしまえば，せっかく園のために内部通報をしてくれた職員に対して嫌がらせをするなどしかねません。内部通報により不適切保育の疑いが発覚した場合には，内部通報者が誰かわからないよう，細心の注意を払いましょう。

Q　報道機関の取材依頼にはどのように対応すべきでしょうか？

　不適切保育の疑いが発覚した場合，複数の報道機関から五月雨式に取材の申入れや質問がされることがあります。Story 2 の19「関係各所対応④ 報道機関への対応～全体像～」（78ページ）でも解説していますが，基本的な報道機関対応としては，園側の対応窓口を1つに絞り，確定している事実関係のみを園の公式の発表として伝えることです。

　報道機関は，あたかも取材に応じて当然だというスタンスで取材の依頼をしてきますが，園側に取材に応じる義務はありません。安易に報道機関の取材依頼に応じれば，その後も何度も取材依頼がされ，これに場当たり的に応じることで，回答の一部のみを切り取られて報道されるなどして，その結果，矛盾した発言をしているように映ってしまうこともあります。

　そのため，園としては，対応の窓口を絞った上で，然るべきタイミングで園の公式な発表として情報を公開しましょう。

　また，伝え方としては，書面での説明に限定すべきです。口頭での説明・回答をしてしまうと，一部を切り取られる可能性がありますし，その場で想定外の質問がされた場合，答えに窮し，不正確な発言をしてしまう可能性があるからです。

　少なくとも，初動の段階では，「現在調査中であるため，回答できることは
ありません。回答できるような状態になれば改めて回答します」という趣旨の
回答にとどめ，安易に報道機関からの圧力に動じないようにしましょう。

（米澤）

4　事実関係の調査①　総論

不適切保育の初動対応として，調査をして事実関係を確定する必要があることはわかりました。事実関係の調査の具体的な方法について教えてください。

Q　事実関係の調査は何のためにするのでしょうか？

　3‐2「不適切保育への初動対応①　基本方針の策定」でも説明しましたが，不適切保育が発生した場合，不適切保育の対象となった児童の保護者への謝罪，在園児の保護者，行政，職員への説明をする必要がありますし，場合によってはマスコミ対応を検討する必要があります。

　これらの対応の前提となるのが，事実関係の確定です。そもそも本当に不適切保育が発生したのか，発生したとしてどのような不適切保育が発生したのかなど，事実関係が確定しなければ，説明する内容も確定しませんし，謝罪の対象も確定しないため，「何に対して謝罪しているのか」「何が悪いかわかっていないのではないか」などという厳しい声に晒され，十分な謝罪もできません。

　また，事実関係が不明確なまま説明をし，その後新たな事情が発覚すれば，説明した事実関係と後で発覚した事実関係が矛盾してしまうなどの事態が生じますし，説明を受ける側が納得できるような説明にもなりません，。

　ただでさえ，不適切保育の発生が疑われている状況なのに，さらに発生後の対応に問題があれば，二重に信頼を失うことになります。そのようなことになれば，信頼を回復することは相当に難しく，場合によっては園運営自体が難しくなる可能性さえあります。

　そのため，不適切保育が疑われる場合には，必ず正確な事実関係を調査し，確定するようにしましょう。

Q　事実関係の調査中は，どのような説明をすればよいのでしょうか？

　事実関係が確定するまでは，対象となる児童の保護者にはもちろん，在園児の保護者，行政，職員，報道機関のいずれに対しても憶測だけで説明をしてはいけません．

　正直に，事実関係の調査中であること，場合によっては調査に協力してほしいことなどを誠実に説明し，理解を得ることが重要です．

Q　調査はどのように進めればよいでしょうか？

　事実関係は，通常，客観的証拠の収集と職員へのヒアリングを実施することにより調査します．

　その上で，収集できた証拠・資料からどのような事実が立証できるのか，立証できないのかを検討することになります．

　客観的証拠の収集と関係者のヒアリングについては，3-5「事実関係の調査②　客観的証拠の収集」3-6「事実関係の調査③　ヒアリング」で説明します．

（米澤）

5　事実関係の調査②　客観的証拠の収集

客観的証拠はどのように収集すればよいのでしょうか？

Q　「客観的証拠」とはどのようなものでしょうか？

　「客観的証拠」とは，動画データ，録音データ，写真，メール，議事録，物などの証拠を指します。これらの証拠は，事後的にその内容が変更される可能性は低いため，一般的に証拠としての信用性・価値が高いものです。そのため，不適切保育の事実関係の調査においては，「客観的証拠」を収集することが最初のステップになります。

Q　どのようなものが不適切保育における客観的証拠になりますか？

　不適切保育における客観的証拠の典型例は，動画データ，録音データです。不適切保育の内容によって，客観的証拠の重要性が異なります。

　例えば，職員が児童を殴っている状況の動画データがあれば，基本的にはその事実を認定することができます。これに対し，録音データの場合は，暴行の立証をすることが難しいことも多いですが，例えば，児童が「叩かないで」「痛い」などと発言していたり，叩いた際の音が記録されていたりする場合は，その事実の認定が可能です。

　また，職員の暴行により児童がケガをした場合，そのケガの写真も客観的な証拠になります。ケガの写真から必ずしも直接暴行の存在を認定できるわけではありませんが，ケガをしたということ自体は認定できるため，その他の証拠・資料も併せると暴行の存在まで認定できる場合もあります。その意味で，ケガの写真のデータも重要な証拠になります。

　他にも，厳しい声かけ，侮辱的発言などの不適切保育については，音声のない動画データの場合は，発言の内容がわからないので立証が難しくなります。これに対し，録音データにそのような発言があれば，基本的には認定が可能となります。

Q　客観的証拠はどのように収集すればよいですか？

　上記のように，不適切保育の内容を認定するための重要な証拠は，動画データと録音データです。

　これらのデータは，上書きされたり，抹消されたりする可能性があるので，不適切保育の疑いが発生した場合，まず，動画データ，録音データが残っていないか確認し，残っていた場合は，上書きを防止する措置やバックアップデータを確保しましょう。

　また，職員の暴行により児童がケガをした可能性があれば，ケガの状況を写真撮影しておきましょう。

Q　客観的証拠が全くない場合，不適切保育の認定はできないのでしょうか？

　多くの不適切保育は，カメラがない場所や密室で行われるため，客観的証拠が存在しないほうが多いです。そのため，3-6「事実関係の調査③　ヒアリング」で説明するように，ヒアリングによって得られた供述証拠を中心に不適切保育が認定できるかを検討することが多いです。

　ただ，供述証拠だけでは十分な事実を認定できないことが多いのも現実です。そこで，応用的な対応ですが，例えば，特定の職員による不適切保育が疑われる場合に，不適切保育が起きていると思われる場所や時間帯を狙って，録音機やカメラを設置し，客観的証拠を事後的に取得するという方法があり得ます。

　もっとも，このような手段については，職員，児童のプライバシーの問題や対象の職員に機器の設置が発覚した場合の対応など，園側に相応のリスクもあるため，実行の際には慎重に行うようにしましょう。

（米澤）

6　事実関係の調査③　ヒアリング

職員へのヒアリングを実施するにあたっての注意点はありますか？　普段の職員との個別面談と同じように行えば大丈夫でしょうか？

Q　ヒアリングを実施する理由は？

　ヒアリングを実施するのは，言うまでもなく「不適切保育の事実の有無や（あった場合には）その内容を把握するため」です。一般的に職員と個別面談を実施するのは，「職員の悩みや職場の問題点を聞いてアドバイスをする」や「当該職員の問題行為について注意指導する」ことが目的ですが，これらとはそもそも目的が異なりますので，その実施方法や注意すべき点もおのずと異なります。

　不適切保育の事案では，客観的証拠が残っていない場合が少なくありません。とはいえ，3-5で説明したように，客観的証拠がない場合でも，ヒアリングによる供述証拠を基に事実を認定することは可能です。そのためにも，ヒアリングを適切に実施できるよう，以下の注意点をしっかり押さえてください。

Q　ヒアリング実施の際の注意点は？

　ヒアリングの際には，以下の点を注意して臨むようにしましょう。

① 　ヒアリングの実施の順番

② 　ヒアリングの実施体制

③ 　ヒアリング冒頭の説明

④ 　ヒアリングの進め方

⑤ 　否定・非難をしない

①　ヒアリングの実施の順番

　よく「通報を受けて，まず不適切保育の疑いがある職員をヒアリングした」と相談を受けることがありますが，これは証拠保全の観点から望ましくありません。

　通報を受けた場合，まず通報者からヒアリングを実施して通報内容の詳細を把握し，そこから明らかになった目撃者や関係者など，周辺の第三者のヒアリングを実施して事実関係とヒアリング内容（供述証拠）を固めます。そして最後に不適切保育の疑いがある職員本人に対してヒアリングを実施すべきです。

②　ヒアリングの実施体制

　ヒアリングの際には，ICレコーダー等で録音をするようにしてください。法的には，録音の際に許可をとることは不要です。

　この点について，「プライバシーの侵害では」と疑問に思われる方もいるかと思いますが，少なくとも，人に向かって発言をしているという状況から，法的には，一定のプライバシーを発言者が自ら放棄している状況と考えられています。しかしながら，誠実に調査を実施することを職員に理解してもらう意味でも，「記録のため録音させていただきます」と一言断っておくとよいでしょう。

　また，ヒアリングを実施する側の人数についても注意が必要です。大人数でヒアリング対象者を囲んでしまうと，不要なプレッシャーを与えてしまい，後から「威圧的な状況でやむを得ず事実と異なる供述をしてしまった」などと言われかねません。ヒアリング対象者の属性（通報者，目撃者，不適切保育の疑いのある職員）や記録の実施状況（録音が可能か，メモで記録するか），担当者の能力（相手に気後れせず適切にヒアリングできるか）を踏まえ，1人から多くても2，3人で臨むようにしてください。

③　ヒアリング冒頭の説明

　まず，冒頭に趣旨の説明をしましょう。特に，目撃者や関係者など「通報者や不適切保育の疑いがある当事者以外の人」の場合，ヒアリングで呼び出されたこと自体に驚き，非常に緊張した状態のはずです。そのため，以下の例のよ

うに「なぜこのヒアリングを実施するのか」を最初に説明し，緊張をほぐしましょう。併せて口外禁止なども伝えるとよいでしょう。

> このたび，「●●という不適切保育がある」という通報を受け，園ではどのような事実関係があったか調べて適切に対応する必要があると判断し，他の人への聞き取りなどを行った結果，○○さん（ヒアリング対象者）にヒアリングを実施させていただくことになりました。今から質問をしますが，ご自身の記憶に正直に話してください。記録のため，このヒアリング内容は録音させてください。また，今後も調査は継続し，他の職員にもヒアリングを実施します。今後ヒアリングを受ける職員が記憶と異なる回答をしてしまい，調査が適切にできなくなるおそれがあるため，ヒアリングを実施したこと自体やヒアリング内容は，他の人に話さないようくれぐれも注意してください。

④　ヒアリングの進め方

　ヒアリングを進める際に最も重要なポイントは，「事実を聞く」という点です。人はついつい「何があったか」よりも「どう感じたか」を話しがちで，聞く側もそれで十分と判断してしまいます。ヒアリングを実施した際は，可能な限り客観的な情報を聞き取るよう注意してください。コツとしては，皆様もご存知の「5 W 1 H（When：いつ，Where：どこで，Who：だれが，What：何を，Why：なぜ，How：どうやって）」に"with Whom：誰と"と"How often：どれくらいの頻度で"を足した「6 W 2 H」を聞き取ることを意識してください。

　以下では，「保育士Aが園児に暴力をした」という事実について，悪い回答例と良い回答例を記載しました。悪い回答例は，自分が不適切保育を見てどう思ったのか，に重きが置かれていて，事実関係がはっきりしません。一方，良い回答例は，「6 W 2 H」に即した事実が述べられており，どのような不適切保育が行われたのかが明確にわかります。

〈悪い回答例〉

　Aさんが子供にすごい勢いで手を出していた。叩かれた子供は泣いていて私は見ていられなかった。

〈良い回答例〉

　2，3日に1回程度，教室での集団保育中に，Aさんが○○ちゃんに対して，頭や頬を平手打ちで一発叩いていた。叩いた時の「パチン」という音が同じ教室で他の子を離れて保育していても聞こえることもあるぐらいの強さだった。騒いでいる○○ちゃんを静かにさせるために叩いていたようだが，叩かれた時に○○ちゃんはほぼ毎回泣いていた。私の他にも，同じクラスに入っていたBさんやCさんは目撃していると思う。

⑤　否定・非難をしない

　園が独自に実施したヒアリングの記録を拝見すると，不適切保育の当事者を非難したり，不適切保育を否認する供述を否定したりする発言がしばしば見られます。しかしながら，④でも説明したとおり，ヒアリングは事実関係の調査のために「事実を聞く」機会であり，説教する場面ではありません。ヒアリングの場で否定や非難をしてもプラスはなく，むしろ精神的損害を負わせたとして損害賠償責任が認められるリスクがありますので，注意しましょう。

（南川）

7　事実関係の調査④　事実認定の方法

ある程度調査が完了したのですが，実際にはどのように事実を認定したらよいのでしょうか？

Q　どのような事実が認定できるかは，どのように判断したらよいのでしょうか？

　事実の認定とは，その事実があったのかどうかを判断することです。証拠状況等からして，その事実が存在する高度の蓋然性がある場合には，その事実は存在したものと判断されます。他の事実が存在する可能性が一定程度存在するのであれば，高度の蓋然性がないため，その事実は立証できないということになります。

　非常にわかりくいと思いますので，具体例を挙げて説明します。

　例えば，「A先生がXちゃん（児童）を叩いた」というB先生の証言があったとします。仮に，A先生がXちゃんを叩いたことを認めておらず，B先生の証言以外に証拠・資料がない場合，「A先生がXちゃん（児童）を叩いた」という事実を必ずしも認定することはできません。なぜなら，B先生の証言には，B先生の見間違いや勘違いの他，B先生がA先生を陥れようとしているなどの可能性が排除できず，「A先生がXちゃん（児童）を叩いた」と言い切ることが難しいからです（叩いていない可能性が一定程度あります）。さらに，B先生がA先生に叱責されたことを契機に「いつかA先生に反撃するつもりだ」と言っていたというC先生の証言などもあると，B先生の証言の信用性は格段に下がってしまいます（後記表における事例①）。

　では，B先生だけでなく，C先生，D先生，E先生，F先生も「A先生がXちゃん（児童）を叩いた」という証言をした場合はどうでしょうか。これほど

多くの先生が同じ証言をしているのであれば，「A先生がXちゃん（児童）を叩いた」という事実は真実味を帯びてきます。さらに，A先生がXちゃんを叩いた時間帯や状況について全員が事細かに証言し，その内容が合致しているような状況だと，「A先生がXちゃん（児童）を叩いた」という事実があった可能性が非常に高まり，そのような事実を認定できることになるでしょう。例えば，「令和〇年〇月〇日の〇時頃，園庭で遊んでいたXちゃんが同じクラスのYちゃんからおもちゃを取り上げようとしました。それを見たA先生が「Xちゃん」と大きな声で叫びながら，Xちゃんのほうに走っていき，左手でXちゃんの右手首あたりを握り，右手でXちゃんの頬を平手で叩きました。なおもA先生が興奮状態だったので，C先生とD先生がA先生とXちゃんのほうに走っていき，2人を引き離しました。E先生が園長先生を呼びに行き，走ってきた園長先生がA先生の右腕を掴んで，そのまま園長室に連れていきました」という程度の具体性を持った証言が複数あると，「A先生がXちゃん（児童）を叩いた」という事実が存在する可能性は相当程度存在するといえ，事実を認定することが可能となります（後記表における事例②）。

　では，「A先生がXちゃん（児童）を叩いた」状況が映っている防犯カメラの映像があった場合はどうでしょうか。その場合，「A先生がXちゃん（児童）を叩いている」という事実は客観的に明らかであり，防犯カメラの映像に加工を疑わせる不審な点がない限り，「A先生がXちゃん（児童）を叩いた」という事実が認定されることになります（後記表における事例③）。

　上記の例を見れば，どのような証拠・資料があればその事実を認定できるか大まかにイメージできるのではないのでしょうか。後記表を参考にしてください。

　もっとも，事実の認定というのは，個別具体的な事情に基づく専門的な判断が必要になります。不適切保育の問題は，どのような事実認定ができるかが非常に重要で，事実認定が不十分であれば，その後の対応が非常に難しくなります。そのため，不適切保育などの事実関係の調査および事実認定の際には，専門家への相談も検討し，慎重に行う必要があります。

	供述の信用性	客観的証拠	事実認定
事例①（1人の供述のみ） 「A先生が〇ちゃんを叩いた」 B	△	×	△
事例②（複数人の供述あり） 「A先生が〇ちゃんを叩いた」 B C D E F	○	×	○
事例③（映像あり）	／	◎	◎

（米澤）

コラム　不適切保育対応の失敗例

　不適切保育対応は，「不適切保育の事実があるかどうかわからない」という状況から始まるため，事故が発生していることが明白な重大事故対応と異なり，何からとりかかればいいかわからない状況になりがちです。

　弁護士法人かなめがご相談を受けるのは，園なりに一定の対応をしたものの，失敗してしまい状況が悪化しているタイミングであることが多いです。

　本コラムでは，そのようなご相談でよく見られる失敗例について，失敗である理由と対策を併せてご紹介させていただきます。

> 通報を受け，事実調査が不十分な状態で不適切保育の当事者にヒアリングを実施してしまいました……

　このような場合，当事者が不適切保育の事実を否定してしまえば，裏づけがありませんのでそれ以上の事実確認ができません。また，場合によってはヒアリングの実施により疑いをかけられていることを知った当事者が，目撃者に対して自身に不都合な証言をしないよう脅迫するなど，証拠隠滅をしてしまうリスクがあります。

　3−6でも説明したとおり，ヒアリングの順番は当事者を一番最後にして，それまでに客観的証拠や他の職員のヒアリングを実施して，十分な証拠を確保しておきましょう。

> 保護者からの要請を受けて，言われるがままに調査を実施したら……

　不適切保育の疑いを知り過剰に反応する一部の保護者から，「全教職員にヒアリングを実施してください！」と言われる場合を想像してください。これに応じてしまうと，同じ保護者からは「ヒアリング結果を教えてほしい」「ヒアリング結果を踏まえて○○を実施してほしい」……と要求がエスカレートしかねません。途中で断ると「これまでは応じてくれたのに，なぜ今回は

応じられないのか」と詰問され合理的な説明が難しくなってしまいます。

　3−2でまず基本方針を策定すべきと説明しましたが，保護者から調査等の要求があった場合には，策定した基本方針を基に，保護者からの要求にどこまで応じることが妥当かを検討する必要があります。検討の結果，保護者の要求と同じ調査を実施する場合もありますが，これは「言われるがままの調査」とは雲泥の差です。

> 通報を受けて，すぐに保護者説明会を実施したのですが，十分な説明ができず紛糾してしまいました……

　重大事故のように「事故が起きたことが明らか」である場合は，早急に保護者説明会を実施すべき場合が多いですが，不適切保育の「疑い」のレベルで，事実の調査ができていないにもかかわらず，すぐに保護者説明会を実施したとしても，十分な説明はできるはずはなく保護者や職員に対して安心感を与えられません。また，事後的に誤りが発覚した場合，信頼回復が困難となります。

　通報を受けた後も，事実の調査が十分に行われるまでは，保護者説明会などの公表はせず，質問があれば，個別に「事実関係を調査している」と説明するにとどめましょう。

　失敗例をご紹介させていただきましたが，このような失敗は，実はどちらかといえば日々の園運営に熱心な園でよくありがちです。保護者に親身に寄り添って日々の保育を提供しているためか，不適切保育の疑いが生じた際にも同様に対応してしまい，結果として園運営において支障となることを顧みず，保護者に必要以上に寄り添ってしまい，他の保護者や職員に対して不信感を与えてしまうのです。

　重大事故も同様ですが，不適切保育対応では全方位的に安心感を与えていくことが早期の混乱収束のために必要不可欠です。そのためには，園が毅然とした態度で，健全な運営を継続するため自分たちでしっかり考えて行動することが重要となります。

（南川）

8　保険会社対応

当園で不適切保育の疑いが発覚したのですが，保険会社に連絡する必要はありますか？　重大事故のような多額の賠償になるわけではないので，連絡しなくてもよいと思うのですが。

Q　不適切保育の疑いが発覚した場合に，保険会社に連絡をする必要はありますか？

　不適切保育の疑いが発覚した後，調査の結果，虐待，不適切保育の事実が判明した場合は，園に賠償責任が発生する可能性があります。例えば，対象の児童がケガをしたり，精神的な疾患を発症したりしたような場合には，賠償金額が多額になる可能性がありますし，具体的な傷病が発生しなかったとしても，保護者から賠償を求められるケースは多いと思います。

　その場合には，損害賠償責任保険を適用して賠償することになる可能性が高いため，保険会社への連絡は必須です。そして，保護者との間で賠償の話合いが始まった際にすぐに金額が提示できるように，できるだけ早期に保険会社と調整をしておきましょう。

Q　不適切保育の疑いが発覚した場合に，支払われる保険の内容としてどのようなものがありますか？

　重大事故や虐待事案などで対象の児童に傷病が発生した場合，その治療費等が保険から支払われることは，皆様もイメージしやすいかもしれません。

　しかしながら，不適切保育事案の対応にかかる園側の費用は，これだけではありません。

　昨今，虐待，不適切保育に対する世間の風向きは強くなる一方です。ひとた

び不適切保育の疑いが生じれば，報道機関，SNSを通じて瞬く間に世間の目に晒されることになります。そのような場合，事実関係の調査を前提に，保護者対応，職員対応，報道機関対応を早期かつ適切に行う必要があります。しかしながら，園長，園の職員は不適切保育などの不祥事対応の専門家ではありません。そのため，特に世間の注目を集める事案の場合には，外部の専門家に協力を依頼する必要性が高いです。

　また，不適切保育が起こり，世間の注目を集めるような状況になると，対応する職員の精神的な負担が極めて大きくなり，そのフォローをする必要もあります。

　加えて，不適切保育対応の締めくくりとして，謝罪や再発防止策を講じたことを伝える広告等なども必要になるかもしれません。

　実は，園が加入する損害賠償責任保険の中には，このような不適切保育対応に関する専門家の費用，職員のカウンセリング費用，広告費用等の支出が含まれている場合があります。これらの費用が保険で支払われるのか，園の資産から支払わなければならないのかのいずれかによって，不適切保育対応の初動や方向性が変わってきます。そのため，できるだけ早いタイミングで保険会社に連絡をし，保険で支払われる費目や金額などの保険の内容を確認するようにしましょう。

　また，重大事故対応における保険会社対応の項目にも記載しましたが（2-22（90ページ）），平時から保険の内容を確認し，問題が発生した場合に速やかに保険の利用ができるよう整理しておきましょう。

（米澤）

9　関係者の処分

> 不適切保育に関わった職員に対しては,
> どのような処分をすべきでしょうか?

Q　重大事故の場合は,「必ずしも処分はしない」と解説されていましたが,不適切保育の場合は何が異なるのでしょうか?

重大事故発生時の関係職員の処分については,事故原因や当該職員の状況に鑑みて,慎重に実施する必要がある旨解説しました(2-33「関係職員の処分の考え方」(119ページ))。しかしながら,不適切保育に関わった職員に対しては,処分または明確な注意指導を実施することが必要です。なぜなら,重大事故の発生は,必ずしも特定の職員のみに起因するものではありませんが,不適切保育は,特定の職員による故意または少なくとも重大な知識不足や理解不足などにより行われるものです。そのため,最低でも,明確な注意指導をすることが,不適切保育の再発防止にもつながります。

このような理由から,不適切保育の場合には,処分や注意指導を前提に検討することになります。

Q　具体的には,どのような処分をすればよいのでしょうか?

「処分」とは,就業規則で定める「懲戒処分」です。懲戒処分とは,使用者が,企業の存立と事業の円滑な運営のために必要不可欠な権利として有している「企業秩序を定立し維持する権限」に基づいて,この企業秩序に反する行動をとった労働者に対して与える「刑罰」のようなものです。具体的には,「戒告,譴責,減給,出勤停止,昇給停止,降格,諭旨解雇,懲戒解雇」などを指しており,職員の非行行為の軽重により,どの処分をするかを決することにな

ります。

　各処分の内容は，以下のとおりです。なお，各処分の内容は，就業規則によって定め方が異なっていますので，皆様の園で適用されている就業規則をご覧ください。

- 戒　告　（書面により）説諭し，将来を戒める
- 譴　責　始末書をとり，将来を戒める
- 減　給　１回の額はその職員の平均賃金の１日分の半額以内，総額が一給
　　　　　　与支払期における給与総額の10分の１を超えない範囲で給与を減
　　　　　　給する
- 出勤停止　出勤を一定期間停止し，その期間の給与を支給しない
- 昇給停止　次期昇給を１年を超えない範囲内において延期する
- 降　格　役職をはずし又は等級を下げる。この場合，給与規程に定める等
　　　　　　級は下位等級の号俸に引き下げる。
- 諭旨解雇　退職するよう諭しそれに合意した後，労働契約を終了する。
- 懲戒解雇　予告期間を設けることなく，即時解雇する。なお，この場合にお
　　　　　　いて労働基準監督署長の認定を受けた時は，予告手当を支給しな
　　　　　　い

　懲戒処分を実施するためには，就業規則に定める懲戒事由に該当するのみならず，その処分の内容が，「当該懲戒に係る労働者の行為の性質及び態様その他の事情に照らして，客観的に合理的な理由を欠き，社会通念上相当」であることが必要であるとされています（労働契約法15条）。

　そのため，処分をするにあたっては，不適切保育の内容や不適切保育の結果の重大性だけでなく，当該職員のこれまでの職務態度，処分歴なども考慮する必要があります。その上で，懲戒処分が不相当と判断すれば，書面等により注意指導をすることになります。

Q　処分内容を決めるにあたっての注意点は？

　不適切保育については，重大事故と異なり，事実関係が必ずしも客観的に明らかになりません。

　防犯カメラ映像や録音などの客観的証拠がある場合や，ヒアリングの結果，他の職員らの申告と関係職員の認識が合致している場合（事実を認めている場合）などは，当該事実の存在を前提として懲戒処分をすることになります。しかしながら，不適切保育の状況を客観的に認定できる証拠がなく，他の職員らからのヒアリング結果が食い違っていたり，関係職員が事実関係を否定していたりする場合には，必ずしも認定できない事実が出てきます。

　ここで注意すべき点は，懲戒処分は，認定した事実のみによってその内容を決する必要があることです。

　仮に，認定できない事実であるにもかかわらず，「こういう事実もあったかもしれないから」という理由で懲戒処分の内容を決めてしまうと，当該職員から後に懲戒処分の内容を争われ，損害賠償請求を受ける可能性もあります。処分内容が諭旨解雇や懲戒解雇であった場合に，これらの懲戒処分が無効になれば，当該職員の労働者としての地位が失われないことになりますので，職場に当該職員が戻ってきてしまうことになります。当然，解雇した時からの給料を遡って全額支払う必要があり，園には大きな経済的損失が生じます。

　そのため，懲戒処分内容を決する際には，まずはどのような事実が認定できるかをしっかり確定するようにしましょう。

Q　処分内容は公開をしたほうがよいのでしょうか？

　園として，不適切保育に対して誠実かつ厳粛な対応をしていることを明らかにするため，不適切保育に関係した職員に対して処分をしたことやその内容を，対外的にも対内的にも公開したいと考えるかもしれません。しかしながら2-33「関係職員の処分の考え方」（119ページ）で解説をしたように，事件の当事者である職員については処分をしたことや，その処分内容を詳らかにすることは，当該職員のプライバシー権や名誉権を侵害すると評価される可能性も

あります。

　そのため，不適切保育に関係した職員について「厳正に処分をした」ということは公開をしても，その職員の情報や処分内容については明らかにすべきではありません。

　もっとも，不適切保育の対象となった児童の保護者は，被害を受けた立場として一定の情報の開示を受けたいと考えるのが自然ですし，そもそも該当職員が誰であるかを認識している場合もあります。そのため，被害児童の保護者に対しては，どの程度の信頼関係を築くことができているかにもよりますが，個別に処分内容を開示することも検討しましょう。

(中野)

コラム　重大事故・不適切保育の発生による体制変更

　重大事故や不適切保育が発生した際，その実態や原因を分析した結果，園の組織としての問題が明らかになり，その結果として，園の体制変更が迫られる場合があります。

　例えば，重大事故や不適切保育の原因として，特定の職員のみに問題のある保育があり，その問題のある保育を他の職員が認識していたにもかかわらず，注意や指摘をしなかったという状況があったとします。そして，その注意や指摘をしなかった理由として，

- 特定職員の保育士歴や勤務歴が長く，若い職員が注意や指摘をしても聞く耳を持たないばかりか，園内で不利益な扱いをされる
- 特定職員の上司に当たる管理職らも，特定職員に不用意に気を遣い，注意や指摘をしない
- 他の職員らが特定職員や管理職らに対して強い不満を持っており，園の運営を改善しようというモチベーションがない

などが常態化していることが判明したとします。

　このような状況は，重大事故や不適切保育への緊急対応時に特に浮き彫りになり，特定職員のみならず，それまで園の状況を知りながら放置していた管理職に対しても，なんらかの対応が必要になります。この場合，園がこのような根本原因を取り除かなければ，重大事故や不適切保育に対して十分な再発防止策をとったとはいえません。

　具体的には，これまで注意指導をされてこなかった特定職員や管理職への注意指導や懲戒処分の他，場合によっては，退職勧奨などにより，いわゆる「血の入れ替え」を図る必要があるかもしれません。これは，園長や理事長も例外ではありません。自ら職を辞する覚悟で，園の体制を改革する必要がある場合もあります。

　もちろん，このような特定職員や管理職らは，長年園を支えてきた功労者です。このような職員に対しては，しっかりとこれまでの功労を労った上で，

今後も園を存続させるために，園の体制を変えることを理解してほしい旨を
しっかり伝えましょう。

　加えて，園の体制を変えるためには，新たに管理職になる職員を確保する
必要があります。重大事故や不適切保育の問題が発生した際，すでにそれ以
前より，現場の職員と管理職や経営層との間に深い溝がある場合もあります。
新たな管理職候補は，このような現場の職員と管理職や経営層をつなぐ重要
なポジションです。そのため，園としては，新たな管理職候補となる職員に
対して，今後園の体制を変えていくために考えている対策，そのためには当
該職員の協力が必要であることを真摯に，誠実に伝える必要があります。こ
のような管理職候補の協力が得られなければ，園の体制を変更することは不
可能です。

　園としては，大変な痛みを伴う改革です。しかしながら，これを成し遂げ
なければ，根本的な改革は不可能です。

　重大事故や不適切保育の発生は，園の改革の最後のチャンスだと考え，真
剣に向き合うことが重要です。

（中野）

10　報告書の作成

> 不適切保育について報告書を作成する場合，どのような点に気をつけるべきでしょうか？　そもそも作成しなくてもよいものでしょうか？

Q　報告書は作成すべき？

　園にとって不適切保育の対応は通常業務外のことであり，報告書を作成する余力がない場合も多いかもしれません。しかしながら，園がどのような調査を行い，どのような事実を認定したのか，認定した事実を踏まえてどのような対応をとり，どのような再発防止策を実施・検討しているかといった点を報告書にまとめておくことは，行政や保護者に対する説明を「見える化」し，園が不適切保育にきちんと向き合い，誠実に対応したことの証拠にもなります。

Q　報告書に記載すべき事項とは？

　不適切保育に関する報告書に記載すべき事項は，概ね以下の点です。また，重大事故発生時の事故検証報告書の作成方法（2-23以降）も参考になりますので，併せてご覧ください。

---

① 不適切保育を把握したきっかけ（端緒）

② 調査の方法（3-4〜6）

③ 調査によって認定した事実（3-7）

④ 認定した事実を踏まえた対応（職員の処分など）（3-8，9）

⑤ 不適切保育の発生原因の分析（3-11）

⑥ 再発防止策の検討（3-11）

Q　報告書を作成する際の注意点は？

　報告書を作成する際には，以下の2点に注意してください。

①　時系列を意識する

　報告書に記載すべき事項の①から⑥自体も概ね時系列順に並んでいますが，各項目内の記載も時系列を意識した記載にしてください。

　例えば，調査によって認定した事実を記載する場合も，古い時期から順に記載するとわかりやすいです。また，箇条書きでもOKです。

〈記載例〉
- 2023年11月16日，指示をきかない△△ちゃんの服を強く引っ張り泣かせた
- 2023年12月中旬頃，食事中の○○ちゃんの後頭部を右手で1回強くはたいた

②　開示先に合わせた記載の修正を検討する

　不要なトラブルを防ぐ観点から，報告書の開示先に合わせた記載の修正は検討すべきです。例えば，在園児の保護者に開示する報告書の場合，調査の方法（②）は説明する必要性が低いため割愛する，認定した事実（③）は余計な混乱を防ぐため概括的な記載にとどめる等の対応を考えるべきです。

　また，不適切保育の当事者やヒアリングを行った職員の氏名についても，特定されないような記載にする等の配慮を検討しましょう。

〈「認定した事実」の記載例〉
2024年2月13日，2歳児の担任である山田太郎保育士が，2歳児クラスの山田はなこちゃんに対して，「バカ」「アホ」等の発言をした

⬇

〈「認定した事実」の修正例〉
2024年2月中旬頃，2歳児の担任保育士が，クラスの園児に対して，人格を否定する内容の発言をした

（南川）

11　再発防止策の検討

> 不適切保育が今後起きないようにするために，再発防止策をしっかり立てたいと考えています。どのように考えればよいでしょうか？

Q　再発防止策はなぜ必要なのでしょうか？

　不適切保育や重大事故が起きた場合，当該事案の対応と同様に，再発防止策を立てることが，関係者の理解を得る上でも重要です。「今後同様の事案が発生しないようどうすべきか」という視点は，今後の園の運営姿勢を示すものです。そのため，再発防止策については慎重に検討・実施する必要があります。

Q　再発防止策検討のポイントは？

　不適切保育に関する再発防止策の検討では，発生原因の分析が重要です。原因を詳細に分析することで，その原因を取り除くための的確な案を検討することができます。逆に，この分析を十分に行わず，「とりあえずの再発防止策」を検討しても，関係各所に安心感を与えることはできず，むしろ「反省しているポーズを示しただけ」ととられてしまい，不信感が増大しかねません。

　発生原因を考える視点として，①**動機・プレッシャー**，②**機会**，③**正当化**という３つ視点を持つことが有用です。具体例に沿って考えてみましょう。

【事例】
　2歳児クラスの担任が，園児に対し「バカ」「死ね」などの暴言を吐いた

　この事例で，再発防止策を考えようとした場合，1つには「虐待防止研修の実施」が思いつくのではないでしょうか。しかしながら，それは効果的な防止

策とはいえません。もちろん，研修の有用性を否定するわけではありません。実際，職員本人が，自らの発言を暴言だと認識せず，安易に口にしている場合もあり，そのような場合は，何が暴言かを教える必要があります。しかしながら，特に今回の事例のような「バカ」「死ね」などの暴言を児童に対して吐いてはいけないということは，研修をする以前に人として皆理解しているはずです。暴言を吐いてしまった根本的な原因を分析し，それを絶つことが，再発防止策として最も重要なのです。

　そこで，上記の3つの視点で分析します。分析した結果とそれに対応する再発防止策の例は，以下のとおりです。

	①動機・プレッシャー	②機会	③正当化
分析結果	該当職員は，年長担当から慣れない2歳児クラスに急に配転された	該当職員は，2歳児クラスの担当者で一番職歴が長く，誰も指摘できない状況だった	児童は言葉をよく理解できないのでバレないと思った
再発防止策	●適切な人員配置の検討 ●1 on 1制度の導入 ●職員の追加採用	●内部通報窓口の整備	●虐待防止研修の実施 ●職員の意識改革

　この分析例からは，該当職員は，慣れないクラスへの急な配転という精神的なストレスがかかる状況の中，虐待等への意識の低さから暴言を吐いてしまっており，これを他の職員が指摘できない状況にあったことが原因として浮かび上がります。これらの原因をそれぞれ取り除いていくことが，真の再発防止策の実行なのです。

　このように，上記例からも，当該事例（不適切保育）にとどまらず不適切保育の根本的原因は，園の日々の運営方針にある場合が多いことをお察しいただけるかと思います。だからこそ，運営面についてまで深掘りした改善方針を検討・実施することで，園としての真摯な姿勢を示し，保護者，職員，行政や警察といった関係各所に安心感を持ってもらうことが重要です。

（南川）

12　関係各所への報告

> 不適切保育の疑いについて，調査と再発防止策の検討を行い，調査結果報告書が完成したのですが，誰にどのように報告するのがよいでしょうか？

Q　調査報告は誰にすべきでしょうか？

　不適切保育について報告をすべき相手は，基本的には重大事故の場合と同様です。具体的には，以下の4者です。

---

① 不適切保育の対象となった児童の保護者

② 行政

③ 在園児の保護者

④ 園の職員

　また，これらに加え，報道機関に対してもある程度の説明を実施したほうがよい場合もあります。

　報告する相手によって説明する内容に濃淡をつけるべきですが，それぞれの報告相手に対する報告内容が矛盾しないように注意してください。報告内容の濃淡をつける際には，発生した不適切保育と関わりが深い相手ほど，より具体的な内容を説明することを意識してください。例えば，不適切保育の対象となった児童の保護者には，できる限り具体的な内容を説明すべきです。他方で，報道機関に公表する内容は，事実が切り取られ，不正確に報道されるリスクを防ぐため，抽象的かつ概括的な説明にとどめましょう。

　以下では，報告する相手別の報告の内容や方法について説明します。

Q　不適切保育の対象となった児童の保護者への報告はどのようにすべきでしょうか？

　不適切保育の対象となった児童の保護者へは，調査の結果判明した内容を詳細に説明し，誠実に謝罪すべきです。隠したり，偽ったりすることなく，調査で判明した内容をそのまま伝えましょう。また，同じ内容を行政に報告していることも説明しましょう。不適切保育の発生を受けて，園がその内容をきちんと公表し，再発防止に向けて動いていることを示すことにより，不適切保育の対象となった児童の保護者の不信感を一定程度払拭できるはずです。

　なお，不適切保育の対象となった児童の保護者から，「不適切保育をした職員の処分の内容を教えてください」と尋ねられることがありますが，処分の対象になった職員や処分内容をすべて開示することは，その職員のプライバシーの観点から避けるべきでしょう。回答としては，「園の就業規則に基づき，厳正に処分しました。」と言う程度にとどめるべきだと考えます。

Q　行政への報告はどのようにすべきでしょうか？

　監査が入っているかどうかにより，行政への報告内容は若干変わってきます。

　まず，監査が入っていれば，多くの場合，行政から園に対して調査報告書の作成や再発防止策の策定を指示されることが多いです。このような指示を受けた場合は，その指示の内容に従い報告書を作成し，行政に提出しましょう。

　次に，監査が入っていない場合です。監査が入っていないということは，初動の段階で行政に連絡をし，「調査の上，改めて報告します」と伝えている場合だと思います。このような場合は，行政に対して，「報告書が完成したので報告に行きます」と連絡し，報告に行きましょう。この場合，追加の調査や報告書の修正を求められることがありますので，明らかに的外れであったり，園にとっておよそ応じられないような内容でない限りは応じましょう。

　また，報告書を提出した後に，監査などで行政が園に調査に来ることもあります。その場合の対応については，Story 2 の14, 15「関係各所対応③　行政への対応（報告）（監査）」（58 〜 63ページ）を参考にしてください。

Q　在園児の保護者への報告はどのようにすべきでしょうか？

　不適切保育の対象となっていない児童の保護者に対しては，「そもそも保護者説明会を実施すべきか」という問題があります。この点については，170ページの**コラム**「不適切保育と保護者説明会」で詳しく解説していますので，そちらをご覧ください。

Q　職員への報告はどのようにすべきでしょうか？

　不適切保育をした職員の職員名や処分の具体的な内容は，その職員のプライバシーの観点から，原則として伝えるべきではありません。また，被害を受けた児童が誰であるかもプライバシーの観点から伝えるべきではないでしょう。

　被害を受けた児童の保護者が，不適切保育の具体的な内容を多くの人が知ることを望まない場合もあります。とはいえ，不適切保育があったこと自体は，今後の保育の質の向上を図る上でも職員への周知は必要です。

　そこで，不適切保育の内容を概括的な表現にとどめ，職員に伝達することが望ましいです。例えば，

> 「○○先生が園庭で遊んでいる○○君が何度指導しても室内に戻らないことに怒り，「何度言えばわかるの！」と怒鳴りながら○○君の右手首を掴み，引き摺った」
>
> ⬇
>
> 「園庭遊びをしている児童を室内に戻るよう指示する際，怒りの感情に任せた威圧的な声掛けを行った上，当該児童の手首を掴み，引き摺った」

という程度に概括的な表現に変えることが望ましいです。

　職員に伝達する上で大切なことは，不適切保育の内容ではなく，なぜ，そのようなことが生じたのかという原因分析と，今後発生しないようにどのようにすればよいのかという再発防止策の検討と実施です。

　なお，保護者から職員に対し，不適切保育の内容について質問されることがあります。このような保護者からの質問に対して現場の職員の判断で対応してしまうと，一貫した説明ができず，混乱を招く可能性が高いです。そのため，

このような保護者の質問に対しては，「個別の質問に関しては，園長にお願いします」などと説明し，個別的な対応は然るべき立場の方が対応するようにしてください。このように，窓口の一本化により，無用な混乱を避けることができます。

Q　報道機関への報告はすべきでしょうか？　その場合，どのようにすべきでしょうか？

　報道機関からなんら取材のない場合には，当然ですが，報道機関に積極的に情報提供をする必要はありません。仮に，不適切保育事案について報道機関から取材があり，「調査が完了した場合に改めて正式に回答します」と伝えている場合には，調査が完了した時点でなんらかの回答はするようにしましょう。

　回答は書面で行いましょう。口頭で回答すると，その場で事実と異なることを発言してしまったり，園側に不利な形で切り取られて報道されたりするリスクがあるからです。

　回答の内容としては，上述した「職員への説明」と同じ内容でよいと思います。不適切行為に及んだ職員や被害児童，保護者のプライバシーの観点から，あくまで概括的な表現にとどめた上で伝達するようにしましょう。

　このような書面を報道機関に提示した場合，必ずといってよいほど，追加の取材依頼や質問がありますが，基本的には，「園からの回答は先日の書面に記載したとおりで，それ以上回答すべき内容はないと考えています」というスタンスを徹底し，五月雨式に情報を流さないようにしましょう。

　マスコミへの対応は，その場の状況を踏まえつつ，一度立てた方針に従って，慎重に行うことが重要です。臨機応変な対応が求められますが，その場限りの対応とせず，その都度園内でしっかり方針を確認して進めていくようにしましょう。

（米澤）

 ## コラム　不適切保育と保護者説明会

　不適切保育対応の中で「保護者全員に対する説明会（全体説明会）を実施すべきか」というご質問を受けることがあります。不適切保育の内容が極めて悪質であったり，不適切保育によって重大な結果が生じていたりするような例外的な場合はもちろん，保護者説明会を実施すべきですが（その場合は，2-10以降に記載した重大事故での保護者説明会をご参照ください），我々の答えは，「保護者説明会を実施する必要は基本ない」です。

　その理由を改めて説明します。

① 　前提事実が不明な状況から対応はスタートする

　1-1等で説明しているとおり，不適切保育対応は「本当にその事実があったかわからない」状況からスタートします。そのような状況でやみくもに全体説明会を実施しても，保護者の皆様に説明できることはほとんどなく，保護者に安心感を与えることできず，むしろ不安や不信感を募らせるだけの結果となります。

② 　事後的に異なる事実が判明するリスク

　事実関係の調査が十分でない段階で保護者説明会を開催し，経緯を説明した後，当初説明していた内容と異なる事実が判明する場合があります。よくあるケースでは，例えば，園側の調査に納得がいかない内部の人（職員や保護者）が，業を煮やして報道機関にリークするような場合があります。このような事実報道などによって明らかになってしまった場合，園による隠蔽等が疑われ，事後的な信頼回復は著しく困難となります。

③ 　人的・時間的な余裕がない

　3-2等でも説明しましたが，不適切保育対応は事実関係の調査にまず注力すべきです。そのため，全体説明会を実施しようにも，人的資源を投入する余裕もなければ時間を割く暇も本来ないはずで，無理に実施しようとすれば，職員たちに過大な負担を課すことになり，不満が増えるだけです。

④ 　全児童の保護者を対象とする必要性が低い

　重大な結果が生じている重大事故と異なり不適切保育の場合には，必ずし

も重大な結果が生じているわけではありません。そのため，説明会を全保護者に向けて行う必要性は低く，質問のあった保護者にだけ説明をすれば足りる場合がほとんどです。

　このように説明をすると，「ではどうすればいいですか？」ともご質問を受けます。ケースバイケースではありますが，事実調査を一定程度終えた時点で，以下のような対応を，1つまたは複数の合わせ技で実施することを提案しています。

① 　対象範囲を絞った説明会の実施の検討

　保護者説明会の範囲を，不適切保育が認められたクラスの児童の保護者に絞るなど限定することで，全体説明会と比べて負担を抑えることができます。

② 　保護者との個別面談

　説明会での「1（説明者）対多数（保護者）」の構図による混乱を防ぐ観点から，保護者と個別面談を実施しその中で不適切保育について説明することも考えられます。この場合，個別面談に対応する職員の負担は大きくなりますので，分担などの配慮を検討する必要があります。

③ 　書面での報告

　より簡易な方法は，保護者宛の書面で報告するというものです。

　この方法をとる場合の注意点としては，2つあります。1つ目は，万が一外部に流出しても問題のない内容にすることです。特定の名前を挙げない，刺激の強い表現は避ける（具体的には，不適切保育で暴言があった場合は，具体的な発言内容ではなく「人格を否定するような暴言」などのように言い換える）等の対応が求められます。2つ目は，不適切保育の被害を受けた児童の保護者に，事前に書面内容を報告することです。ただし，許可を求める必要はなく，「保護者への説明書面を作成したので，事前にお知らせします。○○日に配布予定です。修正をご希望の点があればお申し出いただければと思いますが，応じられない場合もありますのでご容赦ください」といったように，あくまで園の方針を伝えるスタンスを心がけてください。

（南川）

コラム　不適切保育以外の不祥事対応

　本書では重大事故と不適切保育に絞って事後対応のポイントを説明しましたが，園運営ではハラスメントや横領など，その他の不祥事が起こり得ます。その場合も，不適切保育と同様に，「どのような事実関係があったかわからない」状態での対応が求められますので，「基本方針の策定→事実の調査→認定した事実に基づく関係者の処分や再発防止策の検討」といった不適切保育と同じ流れでの対応が基本です。

　以下では，不適切保育以外の不祥事対応について，不適切保育と異なる点に着目し，注意すべき点を解説します。

①　児童が当事者とならない場合が多い

　ハラスメントや横領等のような不祥事の場合には，児童が当事者とならない場合が多いです。そのため，園としては職場内部の問題であるとして，保護者対応を疎かにしがちです。しかしながら，保護者の皆様は園の運営に対して想像以上に敏感であり，園内部が不祥事対応でバタバタしていることに気づく可能性が十分にあります。加えて，例えば，特定職員によるハラスメントで，特定のクラスに配属された職員が1年のうちに何人も退職する，という事態が発生すれば，これは園内部の問題だけではなく，保育の質や環境にも影響が出てきます。それにもかかわらず，園からなんらの情報発信がない場合，結果として保護者の不信感を招いてしまいます。

　「保護者には関係のないことだから」と決めつけずに，保護者に対してもタイムリーな情報発信（不祥事があったことおよびそれに対する園の対応）を心がけましょう。

②　複数の職員が当事者となる場合が多い

　特にハラスメントの場合は，被害者となる職員と加害者となる職員の両方が存在します。そのため，どちらか一方との緊張関係は避けられません。ハラスメントの通報を受け迅速かつ的確に調査を行い，ハラスメントの事実が認められた場合には，加害職員の処分内容の検討が，ハラスメントの事実が認められなかった場合には，被害職員への丁寧な説明とアフターケアが重要

となります。特に，いずれの場合でも，加害者に当たる職員が職場に残る場合には，加害職員と被害職員の配置にも配慮すべき必要があります。

　不適切保育以外の不祥事においても，初動対応の迅速さと適時の情報発信が重要となることは変わりませんので，本書も参考にしつつ，不祥事が起きた場合の園の対応について，平時から常に想定しておくべきです。

（南川）

Story 4

2代目理事長（45歳）の悩み

私は 2 年前に父親から理事長職を引き継ぎ，2 代目理事長として社会福祉法人を運営しています。

10年前，私がこの法人に入職した時は，1 法人 1 園の体制で運営しており，私も園長を担当していましたが，国が進めた子ども子育て支援制度の流れを受けて，園を新たに新設し，今では 3 園体制にまで成長しました。

父親が園の創設者であったことから，自分はいずれ法人を

継ぐのだろうな，と漠然と思って過ごしてきました。それが今，現実のものとなったわけですが，最近は，今後，園をどのように運営していけばよいのだろうかという不安が日に日に大きくなっています。

職員の数は，パート職員を含めると総勢100名を超える組織になりました。
職員の世代もバラバラで，多種多様な考え方，価値観を持つ職員を抱えるようになったので，職員を1つの方向にまとめていく，ということが次第に難しくなってきました。
職員間のコミュニケーションも，1園の頃に比べると希薄になっているように感じています。

どのようにリーダーシップを発揮すればよいのだろうか？
どのように園長や主任を指導し，導いていけばよいのか？
苦悩することが増えています。

また，ここ10年の流れの中で，保護者の考え方も変容したように思います。

私が10年前に園に入った当時は，保護者の方々は，「子供を預かっていただけて本当に助かります。感謝の気持ちで一杯です」というように，園に感謝の気持ちを持って接してくださる人ばかりでした。
今は少し様相が異なります。
ほとんどの保護者の方々が感謝の気持ちを持ってくださっているものの，なんと言いますか，「預けることができて

あたりまえ」というようなコンビニ感覚を持つ保護者が増えているように思います。

国が「積極的に園を活用してください」というメッセージを発信し続けているからでしょうか。権利意識の強い保護者が増えたように感じています。
お迎えの時間を超えても、「延長料金を払えばいいんでしょ」と全く悪びれない保護者、園ではできないようなサービスを要求してくるような保護者等々、権利主張の目立つ保護者が増えている点にも、大いに苦悩している現状です。

私は、今後も地域にとって必要不可欠な園を運営していく責任があると感じているのですが、いささか法人運営に自信が持てません。
創業者の父親は、「地域に恩返しがしたい」という強い気持ちで園をつくり頑張ってきましたが、私はいわばそのバトンを受け取っただけであって、父親のような情熱や信念を持っているわけではありません。今も、法人の代表としてどのような旗を掲げていけばよいか自信を持てずにいます。

私がトップとしてしっかりとしたメッセージを発信できていないことが原因で、職員をまとめられていないと感じることがあります。保護者に対しても明確な保育方針を打ち出せず、できることとできないことの線引きをはっきり示すことができておりません。

このまま漫然と経営をしていくと，いつかは大きな事故や
職員間トラブルなどが発生し，法人運営に重大な支障が出
てしまうのではないかと危機感を募らせています。

法人運営に確かな軸を持つためには，私は何をすべきで
しょうか？

（畑山）

1　ミッション・ビジョンはなぜ必要なのでしょうか？

> 私は2代目理事長です。親から理事長職を引き継ぎました。
> 現在，3園体制になり，職員の数も増え，徐々に職員全体に目が行き届かなくなってきました。保護者も要求の多い人が増えており，法人としてどのような方針を掲げて園を運営していけばよいのか，確かな自信を持てなくなっています。
> 今後の園運営において何を重視すべきか教えてほしいです。

Q　法人のミッションは何のために必要なのでしょうか？

　これからの時代の法人運営においては，「自分は何のためにこの法人を運営しているのか。この法人の存在意義は何なのか」を具体的に言語化すること，すなわち，「ミッション（使命）」を掲げることが必要不可欠です。

　なぜ，ミッションを掲げる必要があるのか。

　それはミッションが組織の根幹となり，礎となるからです。

　「砂上の楼閣」という言葉があります。文字どおり，砂の上に何の基礎も築かずに建物を建てると，その建物はすぐに倒壊してしまうということを表しています。組織も同じです。ミッションという基礎を掲げずに漫然と組織を運営していくと，組織が1つの方向にまとまることができず，いずれ崩壊します。

　ミッションなき法人では，次の4つの組織運営上の課題に苦悩するようになります。

① 園の特色を打ち出せないことで保護者が不安になる（顧客離れが起こる）

② 　園の方向性が見えず職員が不安になる（人材が定着しない，職場の雰囲気が悪い）

③ 　求職者からの応募が来ない（慢性的な人材不足に陥る）

④ 　サービスの質が低下し，事故・トラブル・クレームが頻発するようになる

このような課題に悩んでいる園の多くは，その場しのぎの対策を講じてさらに状況を悪化させていきます。例えば，③の人材不足への対処として，「とにかく誰でもいいから来てほしい」と人材紹介会社の営業に飛びつき，多額の報酬を支払って採用したものの，採用した職員の勤務態度が悪く園内で揉めごとを起こし，早々と辞めていくというような状況です。

必要なことは対症療法ではなく，園のあり方を根本から見直すことです。

ミッションは突然上から降りてくるものではありません。経営者自らが何度も何度も考え，身から絞り出すようにしてつくり出すものです。そして，経営者が園長や主任等現場の主要メンバーとも意見交換し，手を加えていくものです。

ミッションが定まると，「どんな園をつくっていきたいのか」がより一層明確になり，それが保育方針の原型になります。保護者に対して「当園は○○というミッション・想いを掲げている園です。そのミッション・想いを実現するために△△という保育方針を掲げて園を運営しています」と説明することが可能になります。

保護者は安心してわが子を預けたいと願っています。使命感をはっきりと打ち出している園とそうでない園とでは，どちらが保護者にとって安心して預けたい園でしょうか。明らかに前者の園です。

また，ミッションが定まると，「ミッションを達成するためには，当園の職員にはどうあってほしいか」が定まります。これが「職員行動指針」の原型になるはずです。行動指針に沿った指導や研修の実施が可能になるので，自然と職員のレベルが上がり，保育教育の質が向上します。

これからは職員からも保護者からも「選ばれる園づくり」をする時代です。

ミッションを掲げることは，「選ばれる園づくり」のための大きな第一歩になるのです。

Q　法人のビジョンは何のために必要なのでしょうか？

ビジョンとは，ミッションに取り組み，達成した先に実現したい未来のことです。ミッションもビジョンも経営者自身が目的を見失わないようにするための道しるべです。

経営をしていると，目の前に多くの困難・壁が立ちはだかります。視界の悪い山道を，何の道しるべもない状態で歩いているような感覚に陥る経営者は少なくないはずです。そんな時に，「自分たちは何のためにこの法人を運営しているのか。達成したい未来は何なのか」というビジョンがはっきりとしていれば，そこから思考を整理することができ，前に進むことが可能になります。

ミッションを実現した先にあるべき未来。それが法人の掲げるビジョンです。やや抽象的な話が多くなりました。

次項でミッション・ビジョンの具体例を紹介します。

（畑山）

2　具体例から考える
法人のミッション・ビジョンの策定

法人のミッション・ビジョンの重要性は
なんとなく理解できたのですが，具体例
があれば教えてください。早速策定して
みたいと思います。

Q　ミッションはどうやって策定するのか？　その具体例を教えてください。

　ミッションは「経営者の想い・情熱」から絞り出すようにして策定するものです。そして，その想いについて園長や主任等現場の主要メンバーとも意見交換し，つくり上げていくものです。誰かからプレゼントされるものではありません。

　ここでは，一例として，我々弁護士法人かなめが掲げるミッションの策定過程を紹介します。皆様の業界とは異なりますが，きっと参考になるはずです。読者の皆様は「自分の園に置き換えるとどうなるだろうか」と試行錯誤しながら読み進めてください。読んでいる最中にいろんな想いが去来するかもしれません。紙とペンも用意しておきましょう。

　私は2015年9月に独立開業しました。

　「ミッションが大切だ！」と散々言っておきながら，独立当初は，ミッションなどは明確には持ち合わせておらず，「若さを活かしフットワーク軽く頑張ります！」という標語くらいしか掲げていませんでした。ただただ目の前の依頼者に全力対応する日々を過ごし，現在のような「福祉特化型法律事務所」ではなく，ありとあらゆる事案を担当する「なんでもやる総合型の法律事務所」でした。

　そんな日々を過ごす中で，次第に「自分たちではないとできない仕事がしたい」と強く思うようになっていきました。「せっかく独立して，経営者をしているんだ。自分が情熱を燃やせる分野に注力したい」という気持ちがどんどん大きくなったのです。ありとあらゆる案件に対応するというスタイルは，法律事務所ではいわば王道のスタイルです。裏を返せば，同じような総合型の法律事務所は巷に溢れています。その状況は，顧客側にとって実に不親切な状態です。「この法律事務所は一体何を得意分野にしており，何を相談すればよいのだろうか」と不安を覚えるのです。「何でもできます」では，顧客が行動に移すために必要な情報を何ら提供していないのと同じなのです。

　これは，実は顧客側だけが抱く不安ではありません。すでに一緒に働いているメンバーの不安にもつながります。「この法律事務所はどこに向かって走っているのだろうか？　自分たちは将来どのようにキャリアを積んでいくのだろうか？」と不安を抱きます。

　さらに，これらの不安は，求人の際，応募しようとしている人たちが抱く不安でもあるのです。どんな想いで，何を重視して活動している法律事務所なのかがホームページ等の媒体から客観的に明らかでなければ，そこで働く自分を明確にイメージすることができず，応募すらしなくなってしまうのです。

　こんな状況になっている原因は，経営者として明確なミッションを対外的にも対内的にも打ち出すことができていないからです。これではいけないと思い，自分は一体何を成し遂げたいのだろうか，と真剣に考えました。

　過去の自分の想いを振り返った時，私の原体験にあったのが，祖父の介護でした。

　私の祖父は，（手前味噌ですが）非常に優秀で立派な人物でした。今でも尊敬しています。しかしながら，早くに伴侶である祖母に先立たれたことに精神的ショックを強く受け，認知症になってしまいました。

　食事をした直後に「ごはんはまだか？」と言うセリフを聞いた時，祖母の遺

影を見て「あの人は誰や？」と発言した時，真夜中にもかかわらず「朝が来たから外に行く」と言って聞かない祖父を見た時の衝撃は，今でも忘れることができません。当時，まだ中学生や高校生だった自分はどうしていいかわからず，ただただ戸惑っていました。

　認知症になった祖父に辛く当たった私に対し，母親は，「あんた，おじいちゃんがボケたらあかんのか！　おじいちゃんはあんたに，年老いていくということはどういうことなのかってことを全力で教えてくれてはんねや！　しっかりとおじいちゃんの姿を見て学びなさい！」と雷を落としました。一番辛い想いをしているであろう母親から，この言葉を言われた時，自分の小ささにショックを受けました。同時に「そのとおりだ」と母の言葉に感銘を受けたことを覚えています。家族全員で認知症になった祖父を介護したことで，介護疲れで疲弊する人の気持ちや介護福祉サービスのありがたさ，まだまだ制度が未整備であること等を体全体で感じました。

　弁護士になってから，企業側の立場で労働事件を担当する中で，介護事業所の労働トラブルに関わることがありました。その際，労働トラブル以外にも，行政対応の問題や介護事故トラブル，人手不足，カスタマーハラスメント問題等々，非常に多くの問題が山積していることに気づきました。

　また，介護事業者の支援を行う中で，徐々に幼保事業者のサポートをする機会も増えていきました。顧問先の社会福祉法人が介護事業だけではなく，幼保事業も運営しているケースがあり，幼保事業者の抱える課題も数多くあることを知りました。その時期，私自身にも子供ができ，子供を保育園に預け，当事者として園に関わるようになり，幼保業界を取り巻く社会環境が非常に厳しいものになっていることを知りました。例えば，本書にも関わりますが，実際に虐待が発生したかどうか事実が確定していないにもかかわらず，「虐待か？不適切保育の発生」などという見出しで報道するマスコミ，それに振り回されてしまう園，不安に陥る保護者や職員の状況などを見て，「これではいけない。園をサポートしなければ」という強い使命感に駆られました。

　現代日本は，超少子高齢化と言われて久しい国です。世界でも最先端の悩

み・壁に立ち向かっている国です。これからの日本社会を考える上で，介護・障がい・幼保等の福祉分野のサポートは絶対に取り組まなければならない社会事業です。

　しかしながら，残念なことに福祉分野の現場の悩みにすぐに対応する弁護士の数が日本では圧倒的に不足しています。福祉領域のサポートに熱心な活動をしている「個人」の弁護士はいますが，組織として，チームとして福祉分野をサポートするサービスを打ち出している法律事務所が，ほぼ皆無と言っても過言ではありません。福祉事業者を取り巻く社会環境が厳しさを極める現代では，福祉事業者そのものをサポートする取組みはなくてはならないものです。

　組織をあげて福祉事業者のサポートに特化していく。

　この方向性を考えた時，まさに自分にとっての使命だと感じました。自分の人生を賭してでも取り組むべき課題・使命だと思いました。この考えを所内の弁護士と話し合い，「どんな法律事務所でありたいか」「福祉事業者のサポートに専念する事務所として何を大切にすべきか」を徐々に形にしていきました。

　その結果，我々弁護士法人かなめは，

> 働きやすい福祉の現場を，あたりまえにする

というミッションを掲げることにしました。福祉の仕事は，すべての人につながっています。福祉の現場で働く方々が気持ちよく働ける環境になれば，福祉サービスの質は上がり，利用者（児童）や家族が幸せになります。福祉に関わる人が幸せになれば，日本社会全体が元気に，幸せになれるのです。我々がその起点（かなめ）になろう。現在は，弁護士法人かなめに所属する全メンバーが，このミッションの下，日々活動をしています。

Q　ビジョンはどうやって策定するのか？　その具体例を教えてください。

　ビジョンとは，ミッションに取り組むことをとおして実現したい未来のこと

です。

　ここでも具体例として弁護士法人かなめのビジョンを紹介します。

　我々は，福祉の仕事は，その施設を利用する人（児童，利用者）の幸せにつながるだけではなく，その保護者や家族の幸せに直結すると思っています。例えば，私が日本全国に飛び回って仕事ができているのは，わが子を預かってくださる園があるからに他なりません。家族を介護している人にとっては，例えば，日中にデイサービスを活用することで自分の用事ができたり，ショートステイを利用することで，友人と旅行に出かけることができたり，自分自身の幸せや自由を得ることができます。福祉の仕事は助け合いの環をつくる仕事です。人と人がつながり，人の環が幸せや自由につながっていくのです。

　弁護士法人かなめが「働きやすい福祉の現場を，あたりまえにする」というミッションをとおして，福祉現場のさまざまな問題を解決し，関わるすべての人が幸せになれる社会を実現したいと考えています。

　そこで，我々は

> 人の環がずっとつながり，人の自由がずっとつづく社会へ

というビジョンを掲げました。

　ミッション・ビジョンを言語化したことで，何かを判断する時，動く時，迷った時，立ち返るべき原点ができました。

　これからどのような法人にしていきたいか，顧客サービスをどのように向上していきたいか，所内メンバーとはどのように向き合い，コミュニケーションをとるのか等々，組織が進むべき大きな方向性から日々の職員コミュニケーションのあり方まで，すべてに通じる考え方がミッション・ビジョンです。

　皆様の園でも，ぜひ，ミッション・ビジョンの策定に取り組んでください。時間はかかりますが，本気で取り組むことが大切です。そして，日々，ミッションとビジョンに基づいて行動を重ねていると，気づいた時には，たくさんのファンが増えていることでしょう。

　なお，弁護士法人かなめでは，ミッション・ビジョンだけでなく，バリューの策定や行動指針の策定も行っています。より詳しくチェックしたい人は，ぜひ，弁護士法人かなめのコーポレートサイトをご覧ください。きっと皆様の園運営のあり方にとっても参考になる点があるはずです。

（畑山）

■弁護士法人かなめのコーポレートサイト■

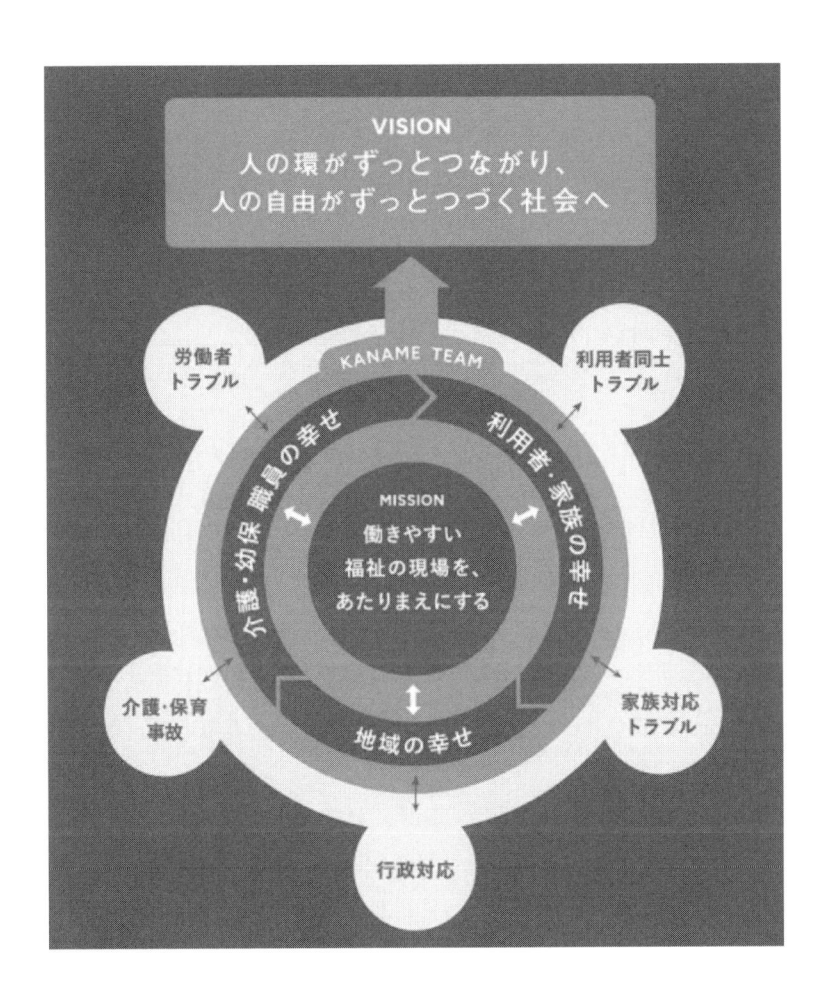

3　職員のリーダーシップの発揮

これまで園長や理事長らが率先して園を運営してきました。しかし，重大事故の発生時，現場の職員たちが主導で頑張ってくれたおかげで混乱を最小限にできました。危機管理において誰がどのようにリーダーシップをとればいいのでしょうか？

Q　リーダーシップに関する「よくある誤解」とは？

　「リーダー」や「リーダーシップ」と聞くと，世間の人々は有名なIT企業の社長やプロスポーツチームの監督やキャプテンといった方を想起するとともに，組織のトップに立つ人だけが発揮する（できる）ものと考えている人も多いと思います。

　しかしながら，近時の組織運営に関する研究（特にリーダーシップに関する研究）では，リーダーシップとは「職場やチームの目標を達成するために他のメンバーに及ぼす影響力」であると考えられています。この定義によれば，以下の事例のA〜C先生のいずれもリーダーシップを発揮しているといえるのです。皆様の園にも，このような職員がいらっしゃるのではないでしょうか？

- お遊戯会の劇について，学生時代に演劇サークルに所属していた新人のA先生から，台本作成を含め，当日のプログラムやスタッフの段取りについて意見をもらった
- 若手の先生が仕事でミスをしてしまい落ち込んでいる様子であったが，ベテランで聞き上手のB先生が話を聞いてあげて，優しくアドバイスしてあげた

- 他園で食中毒が発生したことを踏まえ，栄養士のC先生を中心に調理マニュアルの見直しチームが発足された

つまり，職場での立場や権限によらず，リーダーシップは発揮できるのです。

Q　シェアド・リーダーシップという考え方とは？

ここで紹介する「シェアド（shared）・リーダーシップ」とは，まさに，立場や権限によらずリーダーシップが発揮されている場面のことをいいます。具体的には，「①職場やチームのメンバーが，必要な時にリーダーシップを発揮し，②誰かがリーダーシップを発揮している時には，他のメンバーは，フォロワーシップに徹するような職場やチームの状態」などと定義されます。

シェアド・リーダーシップの大きな特徴は以下の3つのとおりです。

①職場の目標を達成するために，メンバーそれぞれが必要な時に必要なリーダーシップを発揮している（全員によるリーダーシップ）

②メンバーがリーダーシップを発揮している際に，他のメンバーはリーダーシップを受け入れる行動に徹する（全員によるフォロワーシップ）

③リーダーとフォロワーが場面に応じて入れ替わる（リーダーとフォロワーの流動性）

Q　シェアド・リーダーシップがもたらす効果とは？

先行研究によれば，シェアド・リーダーシップが発揮されると，職場の個々のメンバーの仕事に対する満足度やモチベーションの向上，職場全体の能力や情報量の向上などに効果がもたらされていることが実証されています。

また，職場を取り巻く環境が「曖昧」であるほど，「迅速」な対応が求められるほど，これらの効果が高くなるといわれています。環境が「曖昧」というのは，目標や目標達成に至るプロセスが曖昧であることを意味します。

重大事故や不適切保育が起きて混沌が生じた園の環境は，まさに「曖昧」で

す。しかも，重大事故や不適切保育発生後は，初動対応から「迅速」さが求められます。ですから，「重大事故・不適切保育発生後」こそシェアド・リーダーシップの効果が大きく得られるのです。

Q　シェアド・リーダーシップが発揮されるためにどうすべきか？

シェアド・リーダーシップが園で発揮されるようにするためには，「分化と統合」がキーワードとなります。分化とは「メンバーがそれぞれ自律的に動くこと」，統合とは「メンバーが職場の目標のために連携をとって動くこと」をそれぞれ意味します。

では，分化と統合をいずれも達成するための要因は何でしょうか。先行研究で実証されたもののうち，以下では要因となるものの一部を具体例とともに解説します。

①　自己効力感

自己効力感とは，目標の達成能力を自分自身が持っていると認識すること，つまり自信を持つことです。自己効力感を持つことが，職場の目標達成に向けたメンバーそれぞれの自己判断での行動の前提となります。

以下のような取組みは，自己効力感を高めます。

- 新人職員に成功可能な仕事をお願いし，自信をつけてもらう（達成体験）
- 職員と近い立場の人（他園の職員など）の成功体験を研修で学ぶ（代理経験）
- 上司から「あなたの能力や実績を考えれば，十分にうまくできると思う」と説得する（言語的説得）

---

②　多様性を認める風土

多様性を認める職場風土，つまり職場のメンバーが各自の違いを認めて，相互に尊重し合う雰囲気が醸成される職場は，シェアド・リーダーシップが発揮されやすい環境です。逆に，同調圧力が強すぎる職場など，多様性が認められない職場は，人と違う意見の発言などが少なくなり，各メンバーのリーダー

シップが発揮されず，結果としてシェアド・リーダーシップは発揮されにくくなります。

　以下のような取組みや振る舞いは，多様性を認める風土づくりに有効です。

- 新しいことへチャレンジをする職員を評価する制度を設ける
- 職場懇親会などで若手が自由に発言できるような雰囲気づくりをする

---

③　目標の共有

　シェアド・リーダーシップの特徴からも明らかなように，職場の目標達成に向けたメンバーそれぞれの動きが重要です。そのため，職場の目標をつくり，メンバー全員で共有することが不可欠です。

　目標をつくるにあたって注意していただきたいのは，ただ「目標をみんなに周知すれば終わり」ではなく，その目標をメンバー全員が重要と考え，その達成に向けて努力をしようと思えるものでなければならないということです。

　全員で共有できる目標かどうかは，以下の点に留意することが重要です。

- その目標は重要か
  - ➡組織のミッション・ビジョン（4-1参照）に即しているか，メンバー個人にとっても重要か
- 目標が曖昧ではなく明確か
  - ➡多義的で曖昧だと，メンバーがバラバラに解釈し行動する危険がある
- 目標が達成可能か
  - ➡受け入れられる目標でなければ，モチベーションは上がらない

　他にも，主任や園長などの上司（公式リーダー）の寛容さや権限の委譲，チーム内の信頼関係や発言権（意思決定プロセスへの関与）といった職場環境が，シェアド・リーダーシップの発揮に貢献すると考えられています。

【事例】

ある日，保育園内での給食で誤嚥事故が発生した

〈対応例〉

「園児の健康促進のため，安心で美味しい給食の提供」を目標として，各現場が主体的に以下の対応をした。

- 現場の先生による初動（救助，病院への連絡現場の混乱収束）マニュアル策定
- 栄養士を中心とした給食マニュアルの見直し
- 園長や主任を中心とした給食関連の業者との折衝，給食マニュアルの周知
- 理事長や園長を中心とした保護者説明（会）の準備

〈効果〉

目標の下，普段の園運営の中で，現場の先生，栄養士らが自発的に行動をはじめ，園長や主任も，現場の先生や栄養士らからの進言を受け入れて園運営を行う土壌ができ，職員の間での信頼関係が高まった。

　このようなシェアド・リーダーシップが発揮される土台を日頃から構築しておくことで，園で重大事故，不適切保育事案などが発生した場合でも，上記の事例のように職員が一丸となって明確な目標を立て，その目標の達成に向けて行動することができるのです。

　皆様も，園をよりよい組織とするため，これらの取組みをぜひ実践してください。

（南川）

■参考文献■

- 浅井拓久也『保育・教育施設の重大事故予防 完全ガイドブック 実例で学ぶ！安全計画の立て方から園内研修，事故対応まで』（翔泳社，2023年）
- 石川淳『シェアド・リーダーシップ チーム全員の影響力が職場を強くする』（中央経済社，2016年）
- 石川淳『リーダーシップの理論』（中央経済社，2022年）
- 猪熊弘子『死を招いた保育：ルポルタージュ 上尾保育所事件の真相』（ひとなる書房，2011年）
- 大阪弁護士会交通事故委員会『交通事故損害賠償額算定のしおり』（2021年）
- 奥山倫行『弁護士に学ぶ！ 企業不祥事・謝罪対応のゴールデンルール―経営リスクを回避する具体的手法と実践―』（民事法研究会，2021年）
- 尾崎恒康『役員・従業員の不祥事対応の実務 社外対応・再発防止編』（第一法規，2019年）
- 香川希理編著，島岡真弓・松田優・上田陽太著『カスハラ対策実務マニュアル』（日本加除出版，2022年）
- 神田知宏『第2版 インターネット削除請求・発信者情報開示請求の実務と書式』（日本加除出版，2023年）
- 公益財団法人日弁連交通事故相談センター東京支部『民事交通事故訴訟・損害賠償額算定基準 上巻（基準編）第49版』（2020年）
- 司法研修所『民事訴訟における事実認定』（法曹界，2007年）
- 清水陽平『サイト別 ネット中傷・炎上対応マニュアル 第4版』（弘文堂，2022年）
- 外岡潤『利用者・家族・スタッフ別にポイント解説！ 裁判例から学ぶ介護事故対応（改訂版）』（第一法規，2024年）
- 竹内朗・大野徹也編，プロアクト法律事務所著『図解 不祥事の社内調査がわかる本』（中央経済社，2020年）
- PR実務研究会『弁護士のためのPR（広報）実務入門－PRの考え方・平常時の活動から記者会見・ネット炎上対応まで―』（2023年，民事法研究会）
- 樋口晴彦『なぜ，企業は不祥事を繰り返すのか 有名事件13の原因メカニズムに迫る』（日刊工業新聞社，2015年）
- 普光院亜紀『不適切保育はなぜ起こるのか―子どもが育つ場はいま』（岩波新書，2024年）
- 弁護士法人かなめ『管理者・施設長に教えたい介護事業所の"現場法務"』（中央経済社，2022年）

- 水町勇一郎『労働法〔第10版〕』(有斐閣，2024年)
- 矢田悠『不正・不祥事対応の「現実的な」手引き』(Lexis Nexis Japan, 2017年)
- 柳井正『一勝九敗』(新潮社，2006年)
- 山口周『世界のエリートはなぜ「美意識」を鍛えるのか？　経営における「アート」と「サイエンス」』(光文社新書，2017年)
- Albert Mehrabian "Silent Messages", Wadsworth Pub Co.,1971.

■保護者説明会用の資料データ■

　上記二次元コードよりウェブページにアクセスいただき，追加・訂正情報欄からダウンロードできます。適宜アレンジして活用くださいませ。

索　引

━━━━━━ た　行 ━━━━━━

── 【事務所紹介】────────────────

弁護士法人かなめ

　修習の同期であった弁護士畑山浩俊（66期）および同米澤晃（66期）が平成27（2015）年9月1日に法律事務所かなめを設立。

　令和2（2020）年9月1日付で法人化し「弁護士法人かなめ」となり，令和3（2021）年6月に東京支店，令和4（2022）年6月には福岡支店を開設。

　現在（令和6（2024）年7月31日時点），弁護士13名体制で業務を行う。

　介護，幼保等の福祉事業に特化した事務所として，顧問弁護士サービス「かなめねっと」を運営。

　全国35都道府県に顧問先を擁し，チャットワークを活用することで，経営者だけでなく現場の管理者などから寄せられる日常的に発生するさまざまな法的な問題と向き合っている。

　福祉現場で発生する問題を解決することで，福祉の仕事をする人たちがもっと働きやすくなる現場を，かかわる人が幸せになれる社会の実現を目指している。

■コーポレートサイト

幼保事業者の重大事故・不適切保育対応

2024年11月20日　第1版第1刷発行	
2025年8月15日　第1版第4刷発行	

編　者　弁 護 士 法 人 か な め

著　者　畑　山　浩　俊

　　　　米　澤　　　晃

　　　　中　野　知　美

　　　　南　川　克　博

発行者　山　本　　　継

発行所　㈱ 中 央 経 済 社

発売元　㈱中央経済グループ
　　　　パ ブ リ ッ シ ン グ

〒101-0051　東京都千代田区神田神保町1-35
電話 03（3293）3371（編集代表）
　　 03（3293）3381（営業代表）
https://www.chuokeizai.co.jp
印刷・製本／文 唱 堂 印 刷 ㈱

©2024
Printed in Japan